Jennifer Lawrence

A garota em chamas

Nadia Cohen

Jennifer Lawrence

A garota em chamas

Tradução
Patrícia Azeredo

1ª edição

BestSeller

Rio de Janeiro | 2016

CIP-BRASIL. CATALOGAÇÃO NA PUBLICAÇÃO
SINDICATO NACIONAL DOS EDITORES DE LIVROS, RJ

C628j

Cohen, Nadia
Jennifer Lawrence: a garota em chamas / Nadia Cohen; tradução Patrícia Azeredo.
1. ed. - Rio de Janeiro: Best*Seller*, 2016.

Tradução de: Jennifer Lawrence: Girl on Fire

ISBN 978-85-465-0014-7

1. Lawrence, Jennifer, 1990-. 2. Atrizes - Estados Unidos - Biografia. I. Azeredo, Patrícia. II. Título.

16-36245

CDD: 927.9143028
CDU: 929:791

Texto revisado segundo o novo Acordo Ortográfico da Língua Portuguesa.

Adaptação de capa: Gabinete de Artes
Imagem de capa: Getty Images
Editoração eletrônica: Ilustrarte Design e Produção Editorial

Impresso no Brasil
ISBN 978-85-465-0014-7

SUMÁRIO

INTRODUÇÃO

Jennifer Lawrence é, sem dúvida, a Rainha da vez de Hollywood. Ela pode ter dado aquele tropeço memorável na entrega do Oscar, mas, quando se trata de ser universalmente adorada, parece que a atriz não consegue errar nem mesmo se esforçando para isso.

Com o recorde de três indicações ao Oscar e uma triunfante estatueta de Melhor Atriz aos 24 anos de idade, Jennifer parece ter o toque de Midas: todos os seus papéis resultam em sucesso de bilheteria e, em 2016, ela passou a ser a atriz mais bem paga do mundo!

Apesar de tão jovem, em poucos anos ela decolou e se tornou uma das atrizes com o cachê mais alto do mercado, perdendo apenas para mulheres com o dobro de sua idade e décadas de carreira. Jennifer é adorada tanto pelos críticos quanto pelos chefões dos estúdios, certos do sucesso de bilheteria sempre que o nome dela aparece no pôster de um filme.

Mas o que faz esta garota de rosto jovem e saudável do Kentucky ser tão incomum é o dom de continuar sendo gente como a gente! Ela é bonita, mas não absurdamente linda; é magra e um pouco atlética, mas não tem a perfeição física exigida das modelos de passarela e, acima de tudo, é fácil se identificar com ela. Além do mais, Jennifer é irônica e tão contagiante e divertida que todos gostariam de tê-la como amiga.

O nome Jennifer Lawrence é instantaneamente reconhecido em todo o mundo, e os números de sua conta bancária ultrapassaram os trinta milhões de dólares em 2016 e só fazem crescer, mas de alguma forma ela não deixou o status de superestrela subir-lhe à cabeça. Jennifer conseguiu ficar longe das polêmicas e dos excessos comuns à maioria dos jovens astros. Ela continua equilibrada e, por incrível que pareça, consegue manter os pés no chão.

"Não acho que ela tenha mudado", atesta Francis Lawrence, que dirigiu dois filmes da super-bem-sucedida franquia *Jogos Vorazes*. "Venho trabalhando nesses filmes há três anos e meio, e ela é realmente incrível. É extremamente talentosa, bastante cordial e divertida. Muito pé no chão, muito irônica. Jennifer não mudou nada, continua sendo fantástica."

O fato de ter vindo de uma comunidade de fazendeiros e ascendido ao olhar intenso do público quando era uma ingênua adolescente poderia facilmente ter destruído Jennifer. Várias pessoas passaram por isso e caíram diante do primeiro obstáculo. Começar a ganhar, de repente, mais dinheiro do se consegue gastar poderia tê-la transformado em uma típica pirralha mimada, que sairia rapidamente de controle. Todas as armadilhas estavam à sua espreita, mas até agora Jennifer se manteve bem longe de drogas, tatuagens, namorados agressivos e todos os outros aspectos negativos da fama que afligem tantos jovens astros e estrelas hoje em dia.

Muitas celebridades saíram do rumo após se verem mergulhadas em um mundo de estranho isolamento e pouco familiar, cercadas de pessoas que concordam em ceder a todos os seus caprichos, não importa o quão extravagantes ou inadequados eles sejam. Mas, ao manter-se cercada pela família e voltar frequentemente para sua cidade natal, Jennifer conseguiu evitar tudo isso. Os pais rígidos e os irmãos mais velhos logo a avisariam se ela ficasse com o ego muito inflado.

Histórias trágicas de jovens estrelas que caíram no vício em drogas, álcool, cirurgias plásticas ou distúrbios alimentares infelizmente são comuns. Há infinitos relatos de garotas envolvidas em acidentes com seus carros esportivos caríssimos, saindo cambaleando de boates e mostrando o que não deviam para os fotógrafos que as seguem constantemente. Elas caem da cama e entram em luxuosas clínicas de reabilitação com assustadora regularidade.

Apesar de tudo, Jennifer não é uma dessas garotas e provavelmente nunca será. Ela leva o trabalho a sério, e claramente é ambiciosa demais para colocar tudo a perder. Também se nota que ela não sente necessidade de revelar muito sobre sua vida pessoal ao público. Ela nunca usa as redes sociais para publicar fotos de biquíni curtindo um sol em locais exóticos, por exemplo, nem acha necessário se promover descrevendo suas roupas ou escolhas de jantar nos mínimos detalhes. Na verdade, Jennifer tem uma vida reservada, a um mundo de distância dos excessos usuais de Tinseltown.[1] Enquanto algumas estrelas compartilham todos os seus momentos, pensamentos e últimas compras via Twitter, Instagram e Facebook, Jennifer opta por um perfil surpreendentemente discreto, evitando a qualquer custo cair nas armadilhas das redes sociais.

Ela bebe e fuma um pouco, mas raramente vai às festas da indústria do entretenimento e não parece correr perigo de alegar "exaustão" e se internar em uma clínica de reabilitação a qualquer momento. Ao contrário de quase todos os seus colegas de Hollywood, Jennifer se recusa terminantemente a fazer dieta para seguir a preferência da indústria cinematográfica por garotas anormalmente magras, faz questão de ceder às tentações da fast-food e sempre parece forte em vez de frágil.

Além do extraordinário talento como atriz e dos papéis de protagonista, Jennifer também conquistou uma grande legião de fãs pelo mundo graças ao senso de humor peculiar e à disposição revigorante para rir de si mesma, o que a distingue de quase todas as outras celebridades de primeiro time da atualidade.

Alguns críticos insinuam que a personalidade brincalhona seja uma armação elaborada para conquistar a plateia e estão só esperando para ver o dia em que a máscara cairá. Mas parece que há muito mais gente que a considera agradável em vez de irritante.

Em uma indústria reconhecidamente dura e implacável, Jennifer conseguiu garantir o status de superestrela, recebendo muitos elogios e homenagens à moda antiga: por meio do puro e simples trabalho árduo e tomando decisões muito inteligentes na carreira. Ela se lançou profissionalmente em uma época em que a indústria do cinema parecia estar cada vez mais dividida entre

---

[1] Apelido pejorativo para Hollywood e sua vida de glamour.

dois tipos de filmes: os *blockbusters* e os filmes para ganhar prêmios ou, como os cineastas gostam de chamar, "projetos por paixão". De alguma maneira, Jennifer conseguiu contrariar as expectativas até dos críticos mais ferozes e prosperou rapidamente nas duas áreas.

Ela é a protagonista de uma das maiores franquias de ação do mundo (*Jogos Vorazes*) e tem um importante papel em outra (*X-Men*), garantindo fama e riqueza por toda a vida. Mas Jennifer não se concentrou em engordar a conta bancária à custa de sua arte. E todos os filmes mais sérios feitos por ela também foram sucessos de bilheteria. *Trapaça* foi muito bem recebido nas bilheterias em 2013, assim como *O lado bom da vida,* que lhe rendeu o Oscar no ano anterior.

As câmeras visivelmente amam Jennifer, mas a atriz também ostenta uma versatilidade impressionante, que deixa a plateia sempre querendo mais. Vale lembrar sua primeira indicação ao Oscar, que veio com o drama independente *Inverno da alma*, de 2010, no qual ela interpretou uma adolescente problemática do interior com um desejo intenso de sobreviver a todas as adversidades. E, apesar de na época ser ainda uma adolescente, Jennifer transmitiu em sua atuação uma atmosfera de medo e perigo que fascinou os espectadores. Os críticos elogiaram sua habilidade e intuição e, a partir daí, ficaram de olho naquela novata.

Contudo, para ser uma grande estrela é preciso mais do que apenas vender ingressos. As maiores celebridades do planeta conseguem unir o imenso poder lucrativo com o respeito dos colegas da indústria, além de sobreviver ao olhar incansável e invasivo do jornalismo sensacionalista.

Embora Jennifer seja esperta e evite dar muitas informações sobre as suas amizades ou vida amorosa, ela entende que o público precisa de uma conexão. Por isso, quando precisa aparecer em programas de entrevistas ou no tapete vermelho, ela o faz com um calor humano e bom humor tão familiares que as pessoas têm a sensação de estar vendo uma velha amiga.

Os superastros e estrelas de hoje costumam ter um relacionamento estranho e problemático com o público, pois, porque enquanto muitos querem adorá-los, outros analisam detalhadamente todos os movimentos deles e examinam com atenção cada palavra a fim de denunciar qualquer defeitinho. O menor dos erros poderia arruinar uma carreira meticulosamente construída, mas Jennifer conseguiu transformar sua esquisitice, falta de jeito e atitudes perfeitamente comuns em sua arma secreta.

"Posso me passar tranquilamente por idiota, pois não tenho a menor ideia do que estou fazendo", declarou ela uma vez ao *New York Times*.

Jennifer enfrentou a humilhação e o escândalo em escala planetária com facilidade, pois fotos terrivelmente embaraçosos, em que ela aparece nua, caíram na rede e foram vistas, compartilhadas, comentadas com luxúria, analisadas pelo mundo. E, ainda assim, parece que, quanto mais o mundo a vê, mais Jennifer consegue ser ela mesma.

Quando as fotos íntimas foram roubadas de sua conta de armazenamento no iCloud em 2014, ela poderia ter emitido o comunicado de praxe, cuidadosamente preparado e aprovado com antecedência. Mas preferiu ser honesta e, muito emocionada e com raiva, virou a mesa e jogou o foco em quem ousou ver as imagens, fazendo essas pessoas se sentirem criminosas.

Namorar homens famosos e trabalhar sem parar fez com que ela se tornasse o alvo favorito dos tabloides sensacionalistas. Jennifer é fotografada sempre que sai de casa para jantar ou até para uma ida rápida à academia. Mas, apesar da fama, ela consegue ser discreta na vida particular e escolhe cuidadosamente homens que tenham a mesma atitude. Eles também costumam ser educados e só aparecem quando necessário, evitando contar detalhes íntimos em público. É pouco provável que vejamos fotos "armadas" de Jennifer com o namorado em casa ou saindo de férias. Houve várias ocasiões em que ela poderia ter se escondido ou perdido a calma com o assédio dos paparazzi, mas isso não aconteceu. Ela sempre age de modo profissional e divertido. Ao participar das rodadas de entrevistas e aparições públicas, é conhecida por fazer caras e bocas, arregalar os olhos, contar piadas e até invadir as fotos de outros astros que podem estar se levando a sério demais para o gosto dela. Todos parecem ficar mais alegres quando Jennifer está por perto.

E parecer tão humana está fazendo com que Jennifer ganhe muita popularidade. Com isso, tudo indica que ela seja um caso raro de pessoa genuinamente transparente.

Até agora, parece que a senhorita Lawrence não tem como errar.

CAPÍTULO UM

APENAS UMA GAROTA DO INTERIOR

Em meados do quente e úmido agosto de 1990, em um canto tranquilo do Kentucky, Karen Koch-Lawrence e o marido Gary Lawrence finalmente completaram a família com a chegada muito esperada e feliz de uma filha saudável.

Jennifer Shrader Lawrence foi criada no tradicional estilo de vida dos estados dos Sul dos EUA, que tende a ser mais calmo e simples do que o clima de constante competitividade do resto do país. E isso certamente se aplica aos subúrbios de Louisville, a cidade que moldaria o coração e a mente da garotinha que, quando crescesse, seria uma superestrela vencedora do Oscar.

A família Lawrence tem motivos para se orgulhar de sua origem e, apesar da riqueza de Jennifer, seus pais e irmãos nunca se sentiram tentados a se mudar para longe da região ou trocar a casa por uma mansão luxuosa em Beverly Hills. A história remonta à época em que Kentucky se constituiu como estado, em 1792. Alguns anos depois, em 1812, a família Lawrence teve papel importante na Guerra Civil Norte-Americana, na qual vários habitantes da região deram a vida na batalha que dividiu o país entre os Estados Confederados da América e a União.

Desde então, o local ganhou fama por vários motivos, especialmente por seu produto de exportação mais lucrativo: a cadeia de restaurantes de fast-food Kentucky Fried Chicken (KFC). Em outro assunto mais infame, em

1888 nove integrantes da famosa família Hatfield foram publicamente julgados e condenados pelo ataque à casa de Randall McCoy. Nesse ataque, um dos filhos de McCoy foi assassinado, sua esposa foi espancada e a casa destruída em um incêndio. As duas famílias brigaram por mais de um século e uma trégua só foi oficialmente declarada em 2003.

No coração da "Terra do Bluegrass," a cidade natal de Jennifer foi fundada por George Rogers Clark e estabelecida em 1778. Louisville é uma das cidades mais antigas a oeste dos Montes Apalaches, conhecida atualmente não só pelo famoso Kentucky Derby como por ser o lar da empresa de tacos de beisebol Louisville Slugger e das equipes esportivas da Universidade de Louisville, conhecidas como Louisville Cardinals. Kentucky também é o estado onde nasceram outras pessoas bastante conhecidas, como Abraham Lincoln e George Clooney.

A mãe de Jennifer, Karen Koch, também nasceu no Kentucky, em 1956. Segundo os amigos, ela sempre teve um espírito empreendedor e, após se casar com o namorado da adolescência, Gary Lawrence, fundou e administrou a própria empresa de colônia de férias para crianças. Filho de David Lawrence e Doris Shrader, Gary nasceu no mesmo ano de Karen e esperava-se que seguisse os passos do pai, David, que se alistou na marinha norte-americana e serviu durante a Segunda Guerra Mundial. Após voltar a Kentucky, administrou uma fazenda de criação de porcos, na qual Jennifer fez piqueniques idílicos com a família no verão, organizados pelo avô. Enquanto isso, a avó Doris era professora no sistema de escolas públicas do condado de Jefferson, além de presidente do Clube Feminino da Universidade de Louisville. Contudo, Gary seguiu um caminho totalmente diferente do pai: tornou-se jogador de basquete pela Universidade de Kentucky e depois foi trabalhar como administrador na mesma universidade.

Após o casamento, Karen se dedicou à sua popular colônia de férias, Camp Hi-Ho. Durante o verão, as crianças passavam os dias na colônia pescando, nadando, fazendo trabalhos manuais e artísticos e embarcando em aventuras mágicas cujas lembranças as acompanhariam até a vida adulta. A colônia também acolhia animais sem teto.

Karen e o marido, que na época gerenciava uma bem-sucedida firma de construção e concreto, tinham dois filhos e, embora adorassem Ben e Blaine, precisaram esperar mais cinco anos até vir uma menina. Tão desejada pelos pais, Jennifer também foi a primeira menina a nascer do lado paterno da família em cinquenta anos, motivo para imensas comemorações quando ela fez a primeira das várias aparições públicas de sua vida.

Claro que jamais ocorreu a Gary ou Karen que a preciosa filha se tornaria uma estrela mundial quando crescesse, que seria conhecida em todo o país e teria mais poder, dinheiro e influência do que eles imaginaram ser possível. O casal não fazia ideia do quanto a caçula mudaria drasticamente a vida da família antes mesmo de terminar os estudos.

Contudo, a vida começou do jeito mais normal do mundo para Jennifer. Assim como várias outras garotinhas louras e lindas, ela teve uma infância tranquila em Indian Hills, o subúrbio onde cresceu rodeada por um grupo de garotos que nunca a tratou de modo diferente só pelo fato de ter nascido menina.

Karen ficou tão empolgada por finalmente ter uma menina na família que disse que mal podia esperar para enchê-la de vestidinhos de babados. Mas infelizmente Jennifer não teve outra escolha a não ser virar uma moleca se quisesse ter alguma chance de se dar bem com o resto daquela família tão atlética. Assim como todos os primos homens, ela rapidamente aprendeu a brigar com Ben e Blaine, os dois impetuosos irmãos mais velhos.

"Sendo a caçula e única menina, acho que todos tinham tanto medo de eu ser uma criança mimada que foram na direção totalmente oposta a me tratar como Cinderela", revelou ela.

"Meus irmãos e eu gritávamos uns com outros e dizíamos coisas como 'Eu te odeio! Você é muito idiota! Você é feio!'", revelou Jennifer à *InStyle*. "Aí, cinco minutos depois, a gente dizia 'Eu te amo'."

Embora tenha conseguido enfrentar os garotos, Jennifer fez piada em uma entrevista, dizendo que o jogo tinha virado: "Eu era a irmã caçula, não podia fazer nada. Eles me jogavam escada abaixo! Todo dia eu achava que ia morrer. Aí, acabei ficando famosa e agora falo deles em programas de entrevistas. Esse é o karma perfeito para mim."

Jennifer gostou de ter uma criação feliz e bem convencional. Ela ia regularmente aos cultos jovens na igreja da região frequentada pela família Lawrence, Christ Church United Methodist, e passava boa parte do tempo livre pescando e andando a cavalo com os irmãos que tanto adorava. Eles sempre foram muito unidos e, anos depois, Jennifer levou os dois à entrega do Oscar, quando eles puderam, orgulhosos, ver a irmã caçula subir ao palco diante de milhões de pessoas no mundo inteiro.

Todos os filhos da família Lawrence adoravam atividades ao ar livre e os três passavam as longas férias de verão no Camp Hi-Ho, totalmente livres em uma fazenda a apenas quinze minutos de casa, onde Jennifer podia andar a cavalo todos os dias. Ela revelou que, embora os pais gerenciassem empresas de sucesso, eram econômicos e sensatos com o dinheiro. Para ganhar a mesada, Jennifer trabalhava como "enfermeira assistente" na colônia de férias, tratando várias pequenas lesões. Esse emprego de meio período foi a base para um dos primeiros sonhos dela: ser médica.

Jennifer nunca brincou de bonecas como outras meninas. Ela preferia e adorava andar a cavalo, mas como o dinheiro era curto, a família não podia adquirir cavalos treinados para a colônia de férias, geralmente escolhendo animais mais baratos e indisciplinados que precisavam de um lar. Consequentemente, Jennifer sofreu várias lesões cavalgando na infância, chegando a desenvolver uma deformação no cóccix, que diz ter até hoje, após ser jogada do lombo de um deles durante uma cavalgada agitada.

Embora a família Lawrence estivesse longe de ser rica, Jennifer tinha a sorte de ter vários cavalos à disposição na colônia de férias, e o primeiro foi um pônei chamado Muffin. "Uma gracinha, mas era malvado e muito cruel", descreveu Jennifer à *Rolling Stone*. Em pouco tempo ela ganhou mais dois cavalos para cuidar, Dan e Brumby, que aparentemente se odiavam. Mesmo assim, sempre que tempestades fortes atingiam a fazenda, os dois animais corriam para ficar juntinhos no estábulo. Depois ela teve uma égua, chamada de Holly e Brandy porque a menina não conseguia decidir qual nome preferia, embora tenha descrito o gosto para batizar seus animais de estimação como "só nome de branco pobre". Jennifer também teve três cães da raça daschund e um gato chamado Shadow.

Falando da paixão pelas cavalgadas, Jennifer explicou certa vez: "Cresci a quinze minutos de uma fazenda e ia lá quase todos os dias. Meus irmãos gostavam de pescar, mas eu sempre fui doida por cavalos."

Ela chegou a dizer à revista *W* que correu riscos imensos na infância por não perceber o quão perigosas eram suas aventuras: "Você realmente fica mais ciente da própria mortalidade ao ficar mais velha. Quando você é criança, pula em qualquer cavalo selvagem. Aí você cresce um pouquinho, percebe o quanto a vida é frágil e fica mais cuidadosa."

Além de passar incontáveis horas montando cavalos durante a infância no Sul dos EUA, Jennifer também adorava histórias, seja lendo seus livros favoritos por várias horas, ou assistindo à TV ou a filmes no cinema. Sempre que viajava com os pais ou avós, ela implorava para ouvir uma história após a outra.

"Meus pais sempre tinham de contar histórias, senão eu estava contando ou lendo histórias", explicou ela, que ficava totalmente envolvida com o que ouvia. Era a única ocasião em que a jovem e hiperativa Jennifer ficava totalmente quieta. Além disso, ela se lembrava de todos os detalhes. A família se lembra especificamente de um Natal no qual o avô recontou uma história que ela já sabia de cor e salteado e Jennifer subitamente o interrompeu para dizer que ele não tinha falado alguns detalhes específicos que ela ouvira antes, quando era bem criança.

Sua memória era tão vívida quanto a imaginação. Amigos se lembram do dia em que ela notou que o motorista do ônibus na escola não parou no ponto habitual por algum motivo. Na época ela estava profundamente absorta com a leitura do suspense *Ransom* que se convenceu de que estava sendo raptada!

Jennifer era bem audaciosa e, com a imaginação a mil por hora, entrou em pânico e imediatamente começou a planejar a fuga. Sem pensar nas consequências, decidiu pular da parte de trás do ônibus que estava em alta velocidade e pediu aos amigos para segui-la. Eles concordaram, naturalmente, achando que era brincadeira, mas Jennifer puxou a alavanca da saída de emergência e arriscou a vida pulando do veículo. Ninguém a seguiu, pois estavam todos chocados e assustados demais para isso.

Alguns anos depois um amigo disse ao *MailOnline*: "O motorista não deixou a gente no ponto, então Jen disse: 'Se eu pular da parte de trás do ônibus, vocês todos me acompanham?' Do nada ela simplesmente abriu a saída de emergência e pulou. Nunca vi alguém correr tão rápido, era como se ela tivesse dado cinco passos no ar. Ninguém a seguiu. Nem uma pessoa sequer. Até porque seria ilegal."

Milagrosamente, Jennifer não se machucou e, em vez de ser punida pela ousadia, conseguiu escapar usando o talento de atriz. "No dia seguinte ela deveria ser suspensa, mas alegou que estava sofrendo com transtorno de estresse pós-traumático após ler o livro e acabou liberada de fazer o dever de casa por uma semana", acrescentou o amigo.

Jennifer depois comentou: "Minha imaginação é ativa demais. Ainda tenho a mente de uma criança de 11 anos de idade."

A história resume bem o comportamento brincalhão da atriz. Esse incidente foi apenas um dos vários exemplos da hiperatividade da infância de Jennifer. Os amigos também se lembram de quando ela quase incendiou a casa da família ao brincar com fluido de isqueiro em um churrasco. "Certa vez, nós aprontamos com fluido de isqueiro", revelou um dos amigos. "Achamos um pouco do líquido perto da churrasqueira do lado de fora e os pais dela ficaram loucos porque a gente quase colocou fogo na casa."

Desde que ela ficou famosa, os amigos de infância divulgaram várias informações sobre Jennifer, dizendo até que a natureza impetuosa da jovem atriz levou a igreja a trocar o professor da escola dominical de tempos em tempos porque não conseguiam controlar o comportamento dela!

Amigos também revelaram que Jennifer decidiu montar uma barraquinha de limonada durante uma longa e quente temporada de férias de verão, mas não era uma barraquinha convencional. Ela pregou uma peça na vizinhança inteira: em vez de colocar açúcar no refresco, Jennifer batizou a limonada com sal e pimenta e vendeu para passantes desavisados. Segundo todos os relatos, ela ganhou uma boa quantidade de dinheiro e até gravou a pegadinha.

Analisando esse passado, não surpreende que ela tenha levado suas pegadinhas a um patamar ainda mais alto e estragado fotos de Taylor Swift e Sarah Jessica Parker ao aparecer fazendo caras e bocas em imagens tiradas no tapete vermelho do Baile de Gala do Metropolitan Museum of Art e do Globo de Ouro.

Jennifer tinha tanta energia quando criança que os irmãos mudaram o apelido de Jenny-Lou para Nitro (de nitroglicerina), pois ela era extremamente curiosa em relação a tudo e não sossegava. Quando pequenina, Jennifer corria em vez de andar. Ela revelou publicamente o apelido de infância na entrevista ao *The Tonight Show,* de Conan O'Brien, realizada em novembro de 2013, explicando que "não parava quieta e era muito agitada". Foi o primeiro dos muitos apelidos: depois ela seria conhecida como J-Law, J-Lo e Jenny from the Block. Na mesma entrevista reveladora, Jennifer contou que nenhum calmante funcionava para ela e que urinou na cama até os 13 anos de idade. No entanto ia para a escola no dia seguinte e contava o fato para todo mundo, convencida de que era algo "engraçado e bacana." Mas nem todos tinham o mesmo senso de humor de Jennifer, que se lembra de ter reclamado com a mãe: "Voltei para casa e disse: 'Todos estão me chamando de esquisita', e ela respondeu: 'Bom, você é esquisita, mas seja você mesma.'"

Em uma aparição no *Late Show With David Letterman,* ela revelou ainda mais detalhes sobre a infância, explicando: "Eu era praticamente uma mentirosa patológica quando criança. Acho que só queria superar as pessoas. Alguém dizia: 'Ai, meu Deus, minhas pernas estão doendo!' e eu falava 'Suas pernas doem? As minhas vão ser amputadas semana que vem!' Foi assim que a minha mãe descobriu. Ela foi até a escola e alguém falou: 'Meu Deus, que absurdo isso das pernas da Jennifer!' Fui obrigada a confessar. Tive de revelar todas as minhas mentiras. Então, eu comecei: 'Eu disse que meu pai pilotava uma barcaça, que nós éramos milionários, que você estava grávida, que iam amputar as minhas pernas e que eu castrava cães e gatos nos fins de semana.' Agora não consigo mais mentir."

Ser a mulher mais jovem da família nunca a impediu de se jogar em brincadeiras ousadas, que geralmente envolviam vários tipos de briga, luta livre e guerras no jardim dos fundos. Ela fazia questão de brincar ao ar livre com uma bola enquanto as coleguinhas preferiam assar biscoitos na pré-escola. Depois de um tempo, Jennifer foi proibida de brincar com algumas das garotas porque era muito bruta.

"Eu não queria que ela fosse uma diva", contou a mãe Karen à *Rolling Stone.* "Não me importava se ela fosse feminina desde que fosse durona. Ela não queria machucar ninguém. As meninas só estavam fazendo biscoitos e ela queria jogar bola."

Quando passou a estudar na Kemmerer Middle School, aos 11 anos de idade, Jennifer se mostrou uma atleta nata e preferia estar nos campos e quadras esportivos a ficar trancada na sala de aula. Por isso, ela fez questão de entrar nas equipes de líderes de torcida, hóquei na grama e softball da escola. De cabelos louros, olhos azuis e corpo naturalmente atlético, de longe ela parecia ser uma adolescente norte-americana comum, mas as aparências enganam e a experiência dela com a educação formal não foi boa. Por baixo daquela superfície de normalidade, ela estava profundamente perturbada, e o sorriso brilhante escondia uma tristeza sombria que preocupava os pais.

Karen contou que a filha começou como uma menina curiosa que tinha uma "luz brilhante", mas parecia perder essa luz quando ia para a escola.

Jennifer disse ao *The Sun*: "Troquei de escola várias vezes durante o ensino fundamental porque algumas garotas eram muito cruéis. Isso diminuiu no ensino médio porque eu fazia tudo certo, embora uma garota tenha me dado os convites da festa de aniversário dela para distribuir na escola, sendo que eu não era uma das convidadas. Mas tudo bem. Eu só dei uma escarrada neles e joguei tudo no lixo."

Apesar disso, as fotos da época de escola mostram Jennifer feliz e curtindo a vida. Ela foi até considerada "a mais falante" da turma, fazendo de tudo para conquistar a amizade das colegas, até fingir ser fã dos astros pop da época.

Depois ela revelou em uma entrevista ao Yahoo: "Minha paixão de adolescência foi o Justin Timberlake, mas o dos anos 1990: era o Timberlake do *NSYNC. Eu me lembro de ter comprado o CD do *NSYNC, de folhear o encarte enquanto ouvia. Lembra que os CDs costumavam ter encartes? Eu estava tão dominada pelos hormônios que quase vomitei."

Apesar de parecer bem convencional por fora, Jennifer já admitiu que sofria de ansiedade nesse incômodo período da adolescência e nunca se sentiu realmente bem consigo mesma até descobrir que poderia atuar. Embora tenha muitas lembranças felizes dos feriados na infância e dos passeios com a família, Jennifer confessou que se sentia sempre muito bem em casa, mas por vários anos teve dificuldade para socializar na escola.

Ela considerava os eventos sociais ainda mais difíceis de lidar. Em uma entrevista profundamente pessoal ao *The Huffington Post*, ela explicou que odiava o horário do intervalo e os passeios promovidos pela escola e sentia ansiedade antes de ir a festas de aniversário e a encontros que reuniam muita gente. "Eu era uma esquisita", contou ela, com sinceridade. "Eu não era mais inteligente que os outros, não era por isso que não me enturmava.

Eu só sentia uma ansiedade estranha. Odiava o recreio, não gostava dos passeios escolares, as festas me estressavam muito e eu tinha um senso de humor muito diferente. Certa vez, fiz uma viagem de cruzeiro com minha família e aproveitei para cortar o cabelo. Ficou horroroso. Dica: nunca deixe que cortem o seu cabelo em um cruzeiro. Eu entrei no ginásio no primeiro dia de aula na sétima série com aquele penteado afro louro. Todo mundo me encarou e, por algum motivo, eu pensei: 'Já sei o que devo fazer!' Comecei a correr de uma ponta do ginásio até a outra. Achei que estava sendo hilária, mas ninguém da minha idade pensou o mesmo. Foi realmente esquisito."

Jennifer se sentia deslocada, diferente dos colegas, e por isso fez terapia como uma tentativa de descobrir a causa do sofrimento emocional. Ela contou à revista *Vogue*: "Fui a um psiquiatra", acrescentando que acabou tomando medicamentos por vários anos.

Apesar de ter excelentes notas e ser uma integrante popular de várias equipes esportivas, Jennifer sofria muito, e os problemas emocionais não se resolveram até ela se formar no ensino médio com dois anos de antecedência, aos 15 anos, como parte de um acordo com os pais, o que lhe permitiria correr atrás do sonho de ser atriz.

Mesmo assim, em vez de formar um séquito de famosos da indústria do entretenimento, ela continuou ligada aos amigos de infância e nunca se esqueceu deles. Quando adolescente, fez amizade com um garoto chamado Andy Strunk, que tinha síndrome de Down. Ela continuou a mandar fotos e pôsteres para ele muito depois de ter saído da cidade onde nasceu.

Longe de pensar no luxo, glamour e riqueza de Hollywood naquela época, Jennifer insistia que o sonho dela era ser médica, mesmo tendo descoberto o talento para atuar aos 5 anos de idade. Nessa época, ela já citava falas de um filme de 1995 com Adam Sandler, *Billy Madison, um herdeiro bobalhão,* e interpretava esquetes sobre líderes de torcida do humorístico *Saturday Night Live.*

Planejado ou não, aquele era um talento que não poderia ser escondido, e ela começou a atuar oficialmente com apenas 9 anos de idade, após ser escalada como prostituta da cidade de Nínive em uma peça sobre Jonas e a baleia na igreja frequentada pela família. A mãe de Jennifer depois contou à revista *Rolling Stone*: "As outras meninas só ficavam lá de batom, mas ela veio rebolando e desfilando. Nossos amigos disseram: 'Não sabemos se devemos dar os parabéns ou não, porque sua filha é uma ótima prostituta.'"

Jennifer lembra-se claramente de ter visto o roteiro da peça e perceber que aquele foi o momento no qual decidiu ser atriz. "Eu li um roteiro", disse ela à revista *Glamour*. "Eu não era a melhor aluna do mundo. Tirava boas notas, mas me lembro de estar na sala de aula, olhar ao redor, pensar: 'Ah, é só isso', e me sentir idiota. Aí, li um roteiro e me apaixonei. Eu não me sentia mais idiota, pois tinha encontrado algo em que era boa."

Ela também interpretou a protagonista Desdêmona da peça de Shakespeare *Otelo* por um semestre no Walden Theatre em Louisville aos 14 anos de idade. O professor de teatro, Charlie Sexton, identificou de imediato o grande potencial de Jennifer e a descreveu como "curiosa, ansiosa para aprender e muito atenta" em aula.

Nessa época ela também ficou feliz ao cantar na frente do público, diferente de quando precisou cantar durante as filmagens de *Jogos Vorazes: A esperança — Parte 1* e ficou tão assustada que desandou a chorar. É difícil imaginar esse medo ao se ouvir o resultado e constatar que ela tem uma ótima voz. Após a fama, a *CNN* desencavou imagens de Jennifer se apresentando em *Otelo*, cantando muito bem no palco.

Charlie Sexton descreveu Jennifer como "precoce e energética" naquela época, acrescentando: "Ela precisava cantar *a capella*. Isso não é fácil, muitos adolescentes se intimidam. Não me surpreende que ela tivesse a coragem de fazer aquilo porque era determinada e não se abalava com nada."

Após o breve período na escola de teatro, a vida de Jennifer deu uma guinada repentina e inesperada que mudaria seu rumo para sempre. Em 2005, aos 14 anos, Jennifer estava de férias com a mãe em Nova York, e as duas pararam para assistir a um grupo de dançarinos de break se apresentando na Union Square.

Enquanto curtia o show, Jennifer não imaginava que estava sendo observada por um caçador de talentos que a viu na multidão. Coincidentemente ele estava gravando um comercial para a rede de lojas de roupas H&M no mesmo local. Ele abordou Jennifer e Karen com uma câmera Polaroid, apresentou-se e explicou que ela seria uma excelente modelo.

Quando pediu permissão para tirar uma foto de Jennifer, Karen e a filha ficaram compreensivelmente surpresas com proposta inesperada, mas como

Jennifer ficou lisonjeada e empolgada com a oportunidade, elas concordaram, e Karen passou o número de telefone dela para o olheiro.

Jennifer disse que a mãe não ficou com medo nem preocupada com a situação na época, mas depois elas pararam para pensar o quão estranho esse incidente inesperado poderia ter sido. Havia o risco de ser uma armação, mas felizmente o fotógrafo era mesmo um caçador de talentos e não demorou muito para agências de modelos ligarem pedindo para conhecer aquele rosto novo. Em alguns dias, Karen foi bombardeada com propostas aparentemente empolgantes, convidando Jennifer para entrevistas, seleção de elenco e testes.

Diversos agentes de talentos ficaram tão empolgados ao conhecer Jennifer que tentaram convencer Karen a passar o resto do verão em Manhattan com a filha adolescente. Embora no começo ela tenha pensado que eles estavam apenas sendo educados, em poucos dias Jennifer estava totalmente convencida de que ali era exatamente onde ela precisava estar para se lançar na carreira que tanto desejava.

Os pais não sabiam nada do mundo da televisão, do cinema ou da moda, e foi preciso um bocado de persuasão para que Jennifer pudesse tentar a sorte em Nova York. Mas a filha, de personalidade forte, tinha tanta certeza de que desejava um rumo diferente para a sua vida, longe da casa na zona rural, que conseguiu convencê-los a ficar na cidade, mostrando o artigo de um jornal local sobre um garoto de Kentucky que tinha se mudado e já estrelava um filme chamado *ABC do amor*. Ironicamente, o garoto era Josh Hutcherson, que depois seria companheiro de cena dela em *Jogos Vorazes* e também um grande amigo.

Jennifer estava decidida a conseguir o que queria e ligou para os irmãos, pois sabia que eles teriam muito mais facilidade de perceber a oportunidade que se apresentava. Os dois concordaram em ajudar a convencer Gary e Karen a permitir que a irmã morasse em Nova York por dois meses, ainda que eles também tenham se mostrado um pouco céticos em relação a isso no início.

"Meus irmãos ligaram para os meus pais e disseram: 'Ela já foi a todos os jogos de futebol americano e de beisebol. Esse é o campo de beisebol dela. Vocês deixariam se ela fosse disputar a World Series. Vocês precisam fazer isso por ela."

A família Lawrence era totalmente ligada em esportes, mas não em arte, moda ou no trabalho de modelo. Karen até disse que Jennifer teria sido uma ótima jogadora de beisebol, mas eles acabaram concordando com um período de experiência na Big Apple. Todos sabiam que era arriscado, mas Jennifer estava determinada a lutar pelo sucesso profissional.

O dinheiro era curto, e os voos entre Kentucky e Nova York não eram baratos, então a família precisou fazer duas hipotecas sobre a casa para que Jennifer pudesse bancar a mudança. Foi uma aposta imensa, mas Karen depois admitiu que a luz que ela tinha visto na filha antes de começar a estudar tinha voltado com força total quando ela descobriu algo que realmente a empolgava.

Jennifer estava muito ciente de que os pais estavam fazendo um sacrifício enorme para permitir que ela vivesse o seu sonho e também sabia que eles tinham imaginado uma vida muito mais comum para a filha caçula: crescer em sua cidade natal e constituir uma família. Agora ela estava saindo de casa muito mais cedo do que eles imaginavam e Karen temia que pessoas inescrupulosas se aproveitassem dela. Como mãe, ela queria estar ao lado de Jennifer durante os vários testes e escalações de elenco, mas precisava permanecer no Camp Hi-Ho, pois estavam no meio do movimentado período do verão. Além disso, ficar na ponte aérea Nova York-Kentucky era muito caro e demandava tempo. Contudo, Jennifer não aceitou um não como resposta, e os pais acabaram aceitando que o irmão mais velho, Blaine, ficasse com ela em um apartamento em Manhattan. (Os dois irmãos são muito próximos e Jennifer roubou a cena no casamento do Blaine, em outubro de 2013, sendo uma dama de honra deslumbrante.) Juntos, encontraram uma professora de atuação chamada Flo Greenberg que, durante a aula inicial, cobriu a nova descoberta de elogios. Ela depois descreveria Jennifer como "brilhantemente talentosa, adorável, versátil e sensível", acrescentando: "Ela era repleta de talento verdadeiro e seus instintos brilhavam lindamente."

Flo estava certa, pois em poucas semanas Jennifer conseguiu fazer uma série de comerciais de TV e ensaios fotográficos, incluindo um anúncio para o programa da MTV *My Super Sweet 16*, um comercial de TV para o Burger King e um trabalho como modelo para a Abercrombie & Fitch. Para essa campanha, ela se juntou a um grupo de outras modelos jovens e saradas em uma partida de futebol americano na praia, mas nenhuma das elegantes fotos de Jennifer foi usada no produto final. O motivo? Segundo ela, "todas as outras garotas estavam lindas e pareciam desfilar enquanto jogavam bola e o meu rosto aparecia vermelho, com as narinas dilatadas. Eu estava no meio do salto prestes a interceptar a adversária, fazendo 'Rarrrrr!' Eu nem olhava para a câmera. As outras garotas agiam como se dissessem 'Tira ela de perto de mim!'."

Como ela tecnicamente ainda estava matriculada no ensino médio e a lei exigia o término dos estudos, Jennifer foi obrigada a conciliar os trabalhos como atriz e modelo com aulas particulares. Ela odiava as longas sessões com um tutor particular e, para substituir as lições perdidas na escola, por vezes precisava passar até nove horas estudando em casa, o que depois descreveu como a pior época da sua vida. Era um martírio, mas Jennifer aguentou esse lado ruim, pois sabia que era a única forma pela qual os pais a deixariam correr atrás do seu sonho. O esforço teve resultado e, após fazer as provas pela Internet, ela se formou no ensino médio dois anos mais cedo, com um GPA, uma pontuação média, de 3,9, resultado quase perfeito considerando que a nota máxima é 4,0. Apesar da nota impressionante, o ensino superior nunca esteve nos planos de Jennifer e pelo menos agora ela estava livre para se concentrar totalmente na carreira.

À medida que o tempo passava e ela gradualmente arranjava cada vez mais trabalhos remunerados, Jennifer precisou ir a Los Angeles para encontrar executivos dos estúdios de cinema. Porém, em vez de ver isso como uma oportunidade nova e empolgante, ela achou a cidade grande hostil e teve dificuldade em lidar com outra mudança de residência em poucos meses.

Foi bem mais difícil fazer amigos na costa oeste, e Jennifer tinha saudades do antigo apartamento na Big Apple, onde mal tinha começado a se acomodar. Sentindo muita falta de uma vida social, ela se mantinha ocupada entre trabalhos fazendo extras como babá para uma criança de 9 anos a fim de passar o tempo e aumentar sua renda, que ainda era escassa.

Um dos primeiros trabalhos foi um comercial para a gigante das telecomunicações Verizon, uma das primeiras vezes em que ela ficou muito impressionada por estar ao lado de uma pessoa famosa (o que ainda acontece hoje). Essa pessoa era Paul Marcarelli, conhecido nos EUA pelo bordão "Can you hear me now?" ("Você pode me ouvir agora?"). Era um papel pequeno, mas Jennifer era muito determinada e não precisou esperar muito até o primeiro trabalho importante, que veio na forma de um papel fixo em três temporadas do seriado *The Bill Engvall Show,* no qual interpretou Lauren Pearson. A bem-sucedida comédia foi exibida pela TBS entre 2007 e 2009, e o público gostou de Jennifer. Foi a tábua de salvação para ela, que adotou o elenco e a equipe como família, pois estava muito sozinha em Los Angeles. Além disso, ganhar um salário fixo pela primeira vez significava que ela também podia aceitar papéis mais interessantes e desafiadores em filmes independentes de baixo orçamento.

Poucos meses depois de iniciar a carreira de atriz, Jennifer, então com 17 anos, recebeu o prêmio Young Artist Award de "melhor trabalho de artista jovem em série de televisão" graças ao papel em *The Bill Engvall Show,* e isso fez com que os holofotes se virassem para ela. Em pouco tempo, Jennifer conseguiu outros trabalhos como atriz, conquistando uma série de pequenos papéis em filmes e programas de TV norte-americanos como *Company Town, Cold Case – Arquivo morto, Monk, Medium, Not Another High School Show* e *Garden Party,* drama passado em Los Angeles que não tem muitos motivos para ser lembrado, exceto talvez pelo infame permanente que Jennifer ostentava no cabelo ao interpretar o insignificante papel secundário de Tiff.

Ela trabalhou arduamente para se aperfeiçoar no ofício, tentando evitar papéis dos quais poderia se arrepender no futuro. Foi durante esse movimentado período que conseguiu o primeiro papel em um longa-metragem no aclamado filme de 2008 *A casa de jogos.* A estreia na direção de Lori Petty, estrela do fracassado *Tank Girl — Detonando o futuro,* não parecia ser terreno fértil para uma atriz novata brilhar, e a atuação exagerada e caricata de Selma Blair como uma prostituta viciada e de Chlöe Grace Moretz como sua filha mais nova foram consideradas terríveis. Porém, Jennifer conseguiu transmitir uma angústia sutil no primeiro papel com mais carga dramática, além de projetar uma curiosidade sexual adolescente que alguns críticos compararam à excelente atuação de Juliette Lewis em *Cabo do medo* (1991).

Houve até uma difícil cena de estupro, vista como um ato de coragem para Jennifer logo ao início da carreira. Na angustiante sequência, a personagem dela é atacada pelo cafetão da mãe. Jennifer naturalmente temia que os pais não fossem aprovar a natureza sexualmente explícita do papel, visto que ela ainda era adolescente. "Escondi o roteiro de *A casa de jogos* dos meus pais para conseguir fazer o teste", contou ela à revista *W.* "Quando consegui o papel, era tarde demais. Eles tiveram que me deixar fazer o filme. Durante a gravação da cena de estupro, minha mãe estava no estúdio, não tive problema com isso. Eu era muito corajosa naquela idade, com a teimosia típica de uma adolescente. Comecei sem medo e agora eu fico apavorada."

A partir desse momento, Jennifer não olhou mais para trás. O público não se cansava de suas interpretações cruas e honestas e estava claro tanto para os críticos quanto para os especialistas da área que o caminho para uma carreira brilhante em Hollywood estava aberto e Jennifer o seguia em alta velocidade.

A casa de jogos lhe rendeu um prêmio no Festival de Cinema de Los Angeles, por Melhor Interpretação na Competição Narrativa. Esse reconhecimento atraiu ainda mais a atenção para ela, que passou a ser cobiçada pelos diretores de elenco. Após *A casa de jogos,* rapidamente veio o papel o filme *Vidas que se cruzam*, com Kim Basinger, no qual ela fez a versão mais jovem da personagem vivida por Charlize Theron, Sylvia, uma jovem obrigada a enfrentar uma vida difícil com os pais. O papel levou Jennifer a ser vista de maneira mais séria pela crítica e lhe rendeu o Prêmio Marcello Mastroianni de Melhor Atriz/Atriz Revelação no Festival de Veneza. O filme, dirigido por Guillermo Arriaga, acabou sendo um melodrama menosprezado do roteirista de obras como *Babel* e *Amores brutos.*

Como a filha mal-humorada de Kim Basinger que se transformava na sofredora Charlize Theron ao crescer, Jennifer parecia triste e também conseguiu manter um ar de mistério antes de cometer o erro terrível que arruinaria a vida da personagem.

Depois disso, ela tirou uma breve folga dos filmes e estrelou um videoclipe para a música "The Mess I Made" da banda de rock Parachute, mas em pouco tempo estava de volta ao cinema, aparecendo no favorito ao Oscar, *Inverno da alma*, papel que a lançou ao estrelato e ainda considerado por alguns críticos como a melhor atuação dela.

Jennifer interpretou a protagonista de 17 anos, Ree Dolly, nesse pesado drama de grande sucesso, sua primeira oportunidade de carregar um filme inteiro nas costas. A interpretação forte recebeu elogios por ser verossímil e segura. O crítico de cinema norte-americano Roger Ebert deu a nota máxima de quatro estrelas ao filme, mencionando a "esperança e coragem de Jennifer", enquanto a revista *Rolling Stone* descreveu a interpretação dela como "mais do que atuação, é uma tempestade se formado".

A adolescente Ree era uma mãe substituta que vivia em um mundo sinistro, retrógrado e repleto de drogas, completamente distante de tudo o que Jennifer conheceu. Mesmo assim, ela provou que tinha a capacidade de entrar na cabeça dessa jovem e intuitivamente descobrir a luta que ela precisava vencer.

A diretora Debra Granik quase não a escalou, por considerá-la bonita demais para interpretar a protagonista durona, mas Jennifer queria muito o papel e não estava preparada para ouvir um "não" como resposta. Determinada a fazer a diretora mudar de ideia, ela convenceu Debra a encontrá-la pessoalmente e seguiu uma estratégia nada convencional para se preparar. Jennifer pegou um voo noturno de Los Angeles para Nova York, andou treze quarteirões debaixo de chuva e neve e apareceu com o cabelo sem lavar e o nariz escorrendo. Ela admitiu que fez tudo isso para parecer "muito pobre". Claro que esse gesto calculado e incomum deu certo e ela conquistou o papel de Ree, que morava nas Montanhas Ozark, onde tomava conta da mãe doente mental e de dois irmãos mais novos.

O filme também contava com Vera Farmiga no elenco, e as duas atrizes foram elogiadas pelo retrato que compuseram de jovens lidando com a cultura das drogas. A personagem de Farmiga enfrentava o vício, enquanto a de Jennifer lutava contra os viciados em metanfetamina da região.

Durante a preparação para o papel, Jennifer teve de aprender a lutar, cortar lenha e carregar uma arma. Seguindo o conselho de um parente próximo do Kentucky, ela passou algumas semanas carregando uma escopeta descarregada para todos os lugares, pois temia que algum conhecedor de armas visse o filme e percebesse em poucos segundos que ela nunca havia segurado uma arma na vida. Jennifer queria sentir como se estivesse realmente caçando e não só fingindo.

Ela recebeu uma chuva de elogios pela atuação, incluindo o de Peter Travers, da *Rolling Stone*.

A aclamação também rendeu a Jennifer a primeira indicação ao Oscar de Melhor Atriz em 2011. Àquela altura estava claro para todos que tinham um mínimo de interesse na indústria cinematográfica que Jennifer já alcançava o sucesso e logo seria uma megaestrela. Era questão de tempo.

Ela conseguiu uma série de outros papéis, mas o sucesso não foi linear. Em 2009, Jodie Foster a escalou para *Um novo despertar* e, embora Jennifer apareça pouco no filme interpretando a paixão do ensino médio do personagem de Anton Yelchin, ela conseguiu tirar algo de um papel que poderia facilmente ser esquecido: interpretou a garota mais bacana e durona da escola de modo convincente. Assim, mostrou uma confiança impressionante ao lado dos companheiros de cena mais famosos com quem trabalhara até então, como Mel Gibson.

Por algumas de suas temáticas, o filme gerou polêmica. A história mostrava o deprimido CEO de uma empresa de brinquedos fracassada e à beira da falência, Walter Black. Para piorar a situação, ele é expulso de casa pela esposa e obrigado a morar em um hotel. Interpretado por Mel Gibson, o CEO encontra um fantoche de urso no lixo e desenvolve uma persona alternativa que fala apenas através do brinquedo, permitindo que ele retome o contato com a família e saia do aperto financeiro.

Como a trama abordava o transtorno dissociativo de identidade e suicídio em um filme recomendado para maiores de 13 anos, o lançamento foi adiado por dois anos. Contudo, o papel levou Jennifer a ser convidada para entrar na prestigiosa Academia de Artes e Ciências Cinematográficas, um grupo seleto dedicado a melhorar a arte do cinema, em junho de 2011.

Quando *Um novo despertar* foi finalmente lançado em 2011, Jennifer já tinha sido indicada ao Oscar de Melhor Atriz por *Inverno da alma*, mas perdeu a estatueta para Natalie Portman, por *Cisne negro*.

Sem se deixar abalar pela derrota, Jennifer se recuperou rapidamente, como sempre, e ainda em 2011 foi filmar *Loucamente apaixonados*, outro sucesso no qual voltou a trabalhar com Yelchin, interpretando uma colega de trabalho sexy que se apaixona por ele quando problemas com o visto o mantêm a um oceano de distância da verdadeira alma gêmea. Embora fosse um papel pequeno, acabou sendo bem especial, pois ela resistiu à tentação de fazer a personagem Samantha ser entediante ou maluca, preferindo absorver calmamente e às lágrimas a verdade óbvia de que o coração do namorado dela era de outra pessoa. Assim, ela sai do filme de modo triste, porém digno.

Depois disso veio o pequeno papel da jovem Zoe, em *The Devil You Know*, um melodrama independente malfeito que foi diretamente para a gaveta e lançado de modo oportunista em 2013, quando Jennifer já era uma grande estrela. Ela interpretou a personagem de Rosamund Pilke aos 16 anos, fugindo por aí em flashbacks e parecendo descolada e, ao mesmo tempo, perigosa.

Logo a seguir veio *A última casa da rua*, um thriller psicológico suburbano dirigido pelo DJ da BBC Radio 1, Mark Tonderai, em 2012. Foi considerado um enorme fracasso, embora mais uma vez a atuação de Jennifer tenha sido elogiada pelos críticos apesar dos problemas do filme. Ela pareceu ter se envergonhado por aparecer em um projeto tão mal recebido e fez piada sobre o papel quando ganhou um prêmio do Círculo de Críticos de Cinema de Nova York por *Trapaça*, em 2013.

Em uma carta aberta ao Círculo, ela brincou: "Os críticos foram muito bons comigo até agora, mas acho que não estou sendo premiada por *A última casa da rua*, então vocês não devem ter visto esse filme, certo?"

CAPÍTULO DOIS

A CONQUISTA DO SUCESSO

Quando Jennifer começou a aparecer em alguns sucessos do cinema, os especialistas do mercado passaram a prestar mais atenção nela, e a rotina usual de testes exaustivos estava se tornando apenas uma formalidade. Assim, foi uma surpresa quando pediram que ela fizesse um teste para o cobiçado papel de Bella Swan na saga *Crepúsculo*, que acabou sendo de Kristen Stewart. Embora tenha ficado decepcionada na época, Jennifer depois admitiu que ficou feliz por não ter conseguido o papel na trilogia adolescente sobre vampiros, porque isso a teria impedido de interpretar Ree em *Inverno da alma*, considerado o papel que a levou ao estrelato e rendeu incontáveis e lucrativas oportunidades.

Ela também fez teste para *Superbad: É hoje* e perdeu o papel que lançou Emma Stone. Foi uma grande derrota, e Jennifer começou a pensar que tivera sorte de principiante. Nessa mesma época, os produtores e diretores de elenco começaram a insinuar que ela deveria emagrecer, sugerindo que, se Jennifer perdesse um pouco de peso, seria escolhida para papéis melhores.

Furiosa com a natureza altamente pessoal desta exigência, Jennifer contra-atacou com raiva, chegando a dizer que chamar alguém de gordo deveria ser considerado "ilegal", recusando-se a ceder às exigências superficiais e machistas feitas pelos chefões da indústria. Em uma entrevista para a apresentadora de TV norte-americana Barbara Walters, Jennifer perguntou: "Se estamos regulamentando o consumo de cigarros e o uso de palavrões pelo efeito que eles têm nas novas gerações, por que não regulamentar isso de chamar alguém de gordo?"

Foi a primeira de várias ocasiões em que Jennifer exibiu uma confiança física e pessoal muito além de sua idade. Graças à criação "pé no chão", ela nunca foi importunada quanto à aparência ou o corpo e estava determinada a não entrar no círculo vicioso de contagem de calorias e cirurgias plásticas, tão comum entre as mulheres que buscam o sucesso em Hollywood.

Contudo, Jennifer admitiu o medo de ser associada sempre aos mesmos papéis, pois até então só tinha sido escolhida para personagens fortes e realistas. "É fácil ser estereotipada, então acho que, quando algo vira um sucesso muito grande, é uma decisão sábia fazer o oposto", disse ela à *Teen Vogue*. Embora se recuse a passar fome para um papel, Jennifer entendeu a necessidade de parecer atraente ao público e por isso escolheu algo supreendentemente elegante e sexy, um vestido vermelho e justo da Calvin Klein, para a primeira aparição no tapete vermelho do Oscar e fez o primeiro ensaio mais ousado para a revista *GQ*. E ela continua convencida de que fazer uma série de movimentos calculados e ser incansavelmente divertida e animada em todas as entrevistas e aparições públicas foram atitudes que ajudaram a abrir caminho rapidamente para a próxima oportunidade. E deu certo.

Não demorou muito para, em 2011, conseguir o papel de Mística em *X-Men: Primeira classe*, no qual atuou com James McAvoy, Nicholas Hoult e Michael Fassbender, tornando-se amiga de todos no elenco. "Eu me diverti à beça", contou ela à *Teen Vogue*. "Eu estava morando em Londres fazia cinco meses e o elenco inteiro realmente se ama. Ficamos viciados em conviver uns com os outros."

Ela fez a versão mais jovem da personagem, originalmente interpretada por Rebecca Romjin, na série anterior de filmes dos *X-Men*. Quando perguntaram como foi se preparar para um papel de primeira linha em um *blockbuster* de ação, Jennifer contou à revista *People* que precisou entrar em forma e que eram necessárias sete mulheres para pintar o seu corpo inteiro de azul todos os dias durante os quatro meses de filmagem.

"Eram duas horas por dia de musculação e circuito. Ela é uma super-heroína e eu sou fraquinha, então precisei ganhar músculos. E a personagem exigia que cinco camadas de tinta corporal fossem aplicadas em mim com spray, além das escamas espalhadas estrategicamente pelo corpo. O processo todo levava de oito a dez horas." Jennifer comparou a experiência a "uma festa do pijama bizarra".

As horas demoravam a passar e boa parte das sequências de ação era cansativa, mas o trabalho árduo de Jennifer valeu a pena. Ela não só encontrou um namorado ao conhecer o ator britânico Nicholas Hoult no set de filmagem, como recebeu o telefonema que tanto esperava logo depois de começar a trabalhar em *X-Men*.

O teste com o diretor Gary Ross tinha sido melhor do que ela imaginava: "Nunca tinha visto um teste tão bom. Nunca", contou ele ao *MTV News*. "Ali estava uma pessoa que eu sabia que iria atuar por décadas."

Jennifer nem acreditou quando ouviu que tinha sido escolhida entre várias atrizes muito mais conhecidas para interpretar Katniss Everdeen na badaladíssima versão para o cinema da trilogia *Jogos Vorazes*. Ela podia ser nova no pedaço, mas sabia da fama dos livros e tinha certeza de que os filmes também seriam um enorme sucesso.

Esse era o papel que a jogaria instantaneamente no primeiro time e levaria o seu nome a ser conhecido no mundo inteiro. Porém, após testemunhar o nível impressionante de fama conquistado por Kristen Steward ao interpretar Bella Swan em *Crepúsculo*, Jennifer estava um pouco temerosa. Ela também sabia que a fama vinha de mãos dadas com a forte intromissão da imprensa e o intenso escrutínio do público que, sem dúvida, afetariam a sua vida pessoal. Aceitar o papel significava nunca mais voltar a ser anônima. Ciente do risco que corria e de como isso poderia afetar indiretamente a sua família e amigos, não é de se estranhar que ela tenha ficado apreensiva em um primeiro momento. Embora fosse uma grande fã dos romances escritos por Suzanne Collins, Jennifer estava apavorada com o quanto uma franquia poderosa como aquela poderia afetar a sua carreira. Ela temia ficar marcada após fazer os filmes de ação dos *X-Men* e eternamente associada a um tipo específico de personagem guerreiro.

Jennifer passou três dias considerando todas as opções, tendo conversas sérias com a família, os agentes e empresários, pensando cuidadosamente em todos os aspectos de uma decisão que mudaria a sua vida antes de aceitar o cobiçado papel. Evidentemente, a decisão foi muito acertada, mas mesmo após ter assinado o contrato, não havia como prever o sucesso fenomenal dos filmes e como eles afetariam dramaticamente a vida dela.

Ela ganharia tanto dinheiro que poderia simplesmente parar de trabalhar pelo resto da vida; os pais poderiam se aposentar e ter uma vida de luxo. Mas Jennifer era ambiciosa demais para isso, e a família não queria o dinheiro dela. O primeiro filme faturou mais de 408 milhões de dólares pelo mundo, bateu vários recordes e, antes de seu lançamento, nenhum dos duzentos filmes de maior bilheteria de até então havia sido estrelado por uma mulher.

Muitos atribuíram o imenso sucesso mundial dos filmes, cujos roteiros foram bastante fiéis aos best-sellers homônimos, à semelhança de Jennifer na vida real com sua personagem, especialmente a natureza aparentemente comum, o que facilitou a identificação do público com ela. Exatamente como Jennifer, Katniss é uma garota comum que ganha muito poder de repente.

Nas histórias, Katniss é a adolescente vitoriosa do Distrito 12, uma das comunidades mais pobres do mundo ficcional de Panem, que vira símbolo da classe trabalhadora quando os rebeldes começam a atacar a gananciosa Capital e o Presidente Snow.

Do mesmo modo que Katniss assumiu relutantemente o papel de liderança do Tordo no filme, Jennifer entendeu que, gostando ou não, ela também tinha virado um ídolo na vida real, fazendo com que outras garotas se inspirassem e desejassem ser como ela. Pela primeira vez, Jennifer tinha um grupo de fãs fervorosos e logo percebeu a responsabilidade em relação a eles. "Sou apenas uma atriz, não sou líder de nada importante, mas eu sabia que ser um ídolo fazia parte do trabalho, e é algo do qual preciso estar ciente e pelo qual fico feliz", explicou à revista *W*. "Katniss tem força, ela não fica insegura. Ela é um modelo a ser seguido. As pessoas sempre temem que eu não seja a atriz certa para o papel. Geralmente sou jovem demais ou, no caso de Katniss, pensaram que eu era velha demais. Eu era loura e Katniss é morena. Muitos problemas. Muitas coisas foram simplesmente varridas para debaixo do tapete. Eu tinha medo que Katniss ofuscasse todos os outros personagens que eu tentasse fazer. Mas amo a Katniss e ela não ocupou a minha vida tanto quanto pensei. Ela não tem muito na vida, mas é feliz e enfrenta a morte por amor à família. Ela não quer ser heroína, mas vira o símbolo de uma revolução, uma espécie de Joana D'Arc futurista."

E quando lhe perguntaram do que mais gostava em Katniss, Jennifer explicou: "Katniss está focada em sobreviver e na revolução, não em quem vai namorar. Espero que esses filmes façam as meninas se sentirem mais poderosas, esse é o objetivo."

O papel de mulher guerreira e poderosa era muito maior do que Jennifer e, gostando ou não, seria responsável por alçá-la à fama mundial e aos salários de primeira linha, enquanto os fãs observavam Katniss virar a líder relutante de uma rebelião graças a sua rebeldia e raciocínio rápido.

Os filmes da franquia *Jogos Vorazes* são voltados principalmente para os jovens, mas Jennifer os levava muito a sério e se preparou para o papel com o entusiasmo de praxe, aprendendo a atirar com arco e flecha, subir em árvores, além de praticar luta corpo a corpo e estratégica, corrida, parkour (um estilo particularmente acrobático de correr, pular e saltar em áreas urbanas), pilates e ioga.

A franquia rendeu uma fortuna para o estúdio, com fãs leais comprando rapidamente todos os produtos relacionados. Os filmes aumentaram até a popularidade do arco e flecha! Como parte do treinamento radical para interpretar Katniss, Jennifer precisou aprender a escalar e a lutar com as próprias mãos. Ela também treinou com uma instrutora de tiro com arco que participou de quatro olimpíadas, pois Katniss é uma arqueira habilidosa. O trabalho árduo valeu a pena, pois agora Jennifer consegue acertar quatro ou cinco tiros de cada dez.

Ela contou à *Vanity Fair* que a recém-adquirida habilidade foi bem útil: "Uma vez eu realmente usei isso para me defender. Estacionei na minha garagem, ouvi vozes de homens na minha casa e pensei: 'Não vou deixar ninguém levar as minhas coisas.' Eu tinha acabado de voltar do treinamento, então estava com o arco e as flechas no carro. Voltei ao carro, peguei a aljava, coloquei a flecha a postos e subi as escadas. Então, vi as portas do meu pátio abertas e me dei conta de que tinha uns caras trabalhando lá. Eu fiquei tipo 'Oooooi, como vocês estão?'"

Antes considerado fora de moda, aprender a manejar arco e flechas de repente ficou em alta.

Martin Shaw, o executivo-chefe de operações da organização Archery Australia, disse que a popularidade do esporte aumentou consideravelmente entre jovens. "Nossos associados cresceram quase oitenta por cento nos últimos três anos, um aumento fenomenal", explicou ele, acrescentando: "O tiro com arco teve papel de destaque em várias séries de TV e filmes como *Jogos Vorazes*."

Após o lançamento do primeiro filme de *Jogos Vorazes*, em 2012, Jennifer foi alçada às capas de revista do mundo inteiro, teve fotos penduradas nas paredes de vários quartos de adolescentes e ficou no topo da lista de todos os diretores de elenco.

Os críticos a adoravam tanto quanto o público. Tom McCarthy escreveu no *Hollywood Reporter* que a interpretação de Katniss Everdeen feita por Jennifer "solidificou a conexão entre o livro e o filme devido à capacidade da atriz de retratar com precisão todo personagem que recebe com infinito carisma."

Ela instantaneamente passou a ser cotada para outros papéis importantes e, com o peso de uma grande franquia global nos ombros, Jennifer teve de aprender a ser tão forte e flexível quanto Katniss quando a fama chegou a níveis estratosféricos. Ela não precisava mais consultar a mãe para tomar decisões importantes e foi obrigada a se cercar de uma equipe de empresários, assessores de imprensa e consultores de estilo que analisavam todos os aspectos de sua vida pessoal e profissional. Roupas eram escolhidas e compradas para ela, refeições eram entregues e ela viajava de jatinho e limusine com motorista. Transformada em estrela de primeira linha, o mundo de Jennifer tinha mudado completamente.

Para ela, tudo aquilo era muito estranho, pois ainda se considerava a mesma. "Eu sempre me sinto idiota quando voo de primeira classe porque sou uma criança", contou ela. "Estou sentada lá, todos estão lendo jornal ou no computador e eu fico: 'Será que poderiam me arrumar um livro para colorir e alguns lápis de cor?'"

Katniss a transformou instantaneamente em ídolo para milhões de meninas, algo que Jennifer aceitou com cautela. Ela foi entendendo aos poucos que precisava ter muito cuidado não só com o que dizia, como também com quem namorava e com o que fazia nas horas vagas, pois jovens vulneráveis fariam de tudo para copiar as roupas, o cabelo e todos os aspectos do comportamento dela. "Não é que eu saia por aí aloprando", disse Jennifer. "Mas se os jovens estão me ouvindo, preciso ter cuidado com o que digo, o que não é o meu forte. Estou tentando trabalhar isso."

"Às vezes é frustrante porque pode ocorrer muito alarde por algo bobo."

Boa parte da franquia *Jogos Vorazes* diz respeito a Katniss Everdeen, e o diretor Francis Lawrence até admitiu que às vezes hesitava em mostrar o que acontecia com outros personagens quando Jennifer não estava em cena.

"Como os livros são totalmente centrados na Katniss e tudo o que você vê, ouve e vive é através dos olhos dela, temos uma oportunidade de expandir um pouco esse ponto de vista nos filmes", explicou Lawrence em uma entrevista ao *Huffington Post*. "Mas há um ponto em que as cenas parecem não funcionar."

Ele revelou ter descartado uma cena de *Jogos Vorazes: A esperança — Parte 1* (o terceiro da série) que mostrava uma conversa entre o presidente Snow, interpretado por Donald Sutherland, veterano de Hollywood, e o personagem de Josh Hutcherson, Peeta Mellark, porque Jennifer não estava nela. Na cena, Snow exige que Peeta ajude a dar fim à rebelião.

O diretor acrescentou: "Há outras cenas como essa nesse filme e achamos que seriamos capazes de cortar para o Snow e vê-lo interagir com o Peeta, mas, por algum motivo, como não estava diretamente ligado à Katniss, não funcionou. Pareceu desequilibrar o filme para nós."

Outro motivo para excluir a cena é que ela cortaria o clima para *Jogos Vorazes: A esperança — Parte 2*. Se os fãs vissem Peeta vivo e bem, a grande pergunta dramática sobre o bem-estar dele teria sido respondida.

Contudo, os atores ficaram decepcionados com a decisão do diretor: "Amo a cena com o Peeta", disse Donald Sutherland ao *HitFix* em 2014: "Ela não se encaixava no paradigma deles. Não estava claro quando a fizemos, mas era uma cena adorável. Simplesmente adorável."

Com o lançamento de *Jogos Vorazes: A esperança — Parte 2* marcado para o fim de 2015, o diretor Francis Lawrence foi à CinemaCon, convenção oficial da Associação Nacional de Donos de Cinema dos EUA, em abril daquele ano e falou um pouco sobre o que público veria no tão aguardado filme. Quando aceitou o prêmio de Diretor do Ano no Big Screen Achievement Awards que ocorreu no Caesar's Palace de Las Vegas, ele revelou o que estava por vir no quarto e último filme da série *Jogos Vorazes*: "Os fãs finalmente assistirão ao fim da série. Esse encerra mesmo a história. É quando vemos Katniss se recuperar e ir para a Capital. Ela vai à guerra."

Embora Lawrence tenha se recusado a revelar detalhes da trama que poderiam estragar a experiência dos fãs, ele contou que tentou usar o máximo possível de realidade em vez de efeitos digitais. "Muito do que vocês verão em *Jogos Vorazes: A esperança — Parte 2*, muitos ambientes eram reais", explicou ele, dizendo que o elenco filmou em Berlim e Paris em vez de atuar em cenários gerados por computador.

"Encontramos locais de arquitetura incrível", continuou ele. "Tento usar o máximo de ambientes reais que posso. Isso sempre ajuda o ator e facilita a ligação com que está acontecendo."

Mesmo com a série *Jogos Vorazes* chegando ao fim, o diretor fez questão de dizer que adorou trabalhar na franquia com Jennifer: "Foi realmente gratificante participar dessas histórias. Não é sempre que você consegue fazer parte de algo com significado e relevância, abordando temas e ideias reais, que tantas pessoas correm para assistir. Fazer os últimos dois filmes, histórias que reúnem todos os temas e ideias e nas quais tudo se fecha foi uma alegria imensa."

Ele acrescentou que só faltava gravar mais uma cena, além de fazer alguns ajustes nos efeitos digitais e sonoros para terminar o filme a tempo da estreia.

Jennifer também falou com entusiasmo sobre o quanto gostou dos meses que passou filmando na Geórgia, mesmo após contar à revista *Marie Claire* que precisou fazer cenas no esgoto.

As longas horas passadas no set de filmagens e longe de casa fizeram com que ela estabelecesse uma amizade muito forte com os colegas de elenco, especialmente Josh Hutcherson e Liam Hemsworth. Em uma aparição no *The Tonight Show*, ela descreveu um passeio noturno bizarro feito pelo trio de amigos a um bar local durante as filmagens. O bar tinha uma série de idosas que fazia strip-tease e, quando Jennifer recebeu uma dança erótica da stripper Little Bo Peep, ela não fazia ideia de onde estava se metendo.

Aparentemente a senhora não deixou Jennifer tocá-la, mas colocou o seio na boca da atriz! Jennifer contou que quase tomou um banho de água oxigenada depois, de tão horrorizada que ficou com a dança grosseira.

Noites como essa criaram entre Jennifer, Josh e Liam um laço inquebrável, e eles juraram manter a amizade mesmo depois de o diretor ter gritado "Corta!" pela última vez.

Quando a trilogia terminou e Jennifer partiu para outros projetos e compromissos, ela se declarou feliz com o fim da personagem: "Adorei o fato de Katniss e Gale (interpretado por Liam Hemsworth) terem tido uma história tão rica, que não havia sido totalmente explorada, como fizemos neste filme", explicou ela no lançamento oficial de *Jogos Vorazes: A esperança — Parte 2*. "Até agora era quase tudo voltado para Katniss e Peeta, mas o relacionamento entre Katniss e Gale é muito complexo, pois antes de Katniss ir para os Jogos, Gale era a única pessoa que realmente a entendia e a conhecia, porque eles cresceram juntos."

Para o imenso alívio de Jennifer, o medo de ser eternamente chamada para interpretar heroínas de ação duronas se mostrou infundado, pois um mês após lhe oferecerem o papel de Katniss, ela foi escalada para interpretar Tiffany Maxwell em *O lado bom da vida*, lançado em 2012, uma adaptação do romance de Matthew Quick. Jennifer foi escolhida junto com o galã Bradley Cooper e o lendário Robert De Niro para o trabalho que marcaria o início de um relacionamento longo e frutífero entre os três astros, cuja química instantânea virou sinônimo de sucesso nas bilheterias.

No filme, Jennifer interpreta uma problemática jovem recém-viúva e desempregada que, consumida pelo luto, volta a morar com os pais. Contudo, a família e o resto da vizinhança tranquila ficam horrorizados ao perceber que ela virou uma viciada em sexo que não fazia questão de esconder isso, causando inúmeros constrangimentos.

Os pais não queriam saber dela, mas Tiffany faz amizade com o novo vizinho, Pat (interpretado por Bradley Cooper), também obrigado a voltar para a casa dos pais depois de um divórcio complicado. Eles cultivam uma amizade esquisita, acima das dificuldades e dos surtos de depressão vividos por ambos depois que Tiffany promete ajudá-lo a reconquistar a esposa se Pat for o parceiro dela em uma competição de dança.

Jennifer revelou: "Danço muito mal. Foi muito estressante porque o Bradley era ótimo. Acabou ficando cada vez mais estressante, mas foi legal porque, depois que você aprende a dançar, é muito divertido."

Foram muitos os elogios pela interpretação dessa peculiar personagem. Ela tinha apenas 21 anos na época, mas vivia com facilidade uma mulher bem mais madura que estava enfrentando sérios problemas emocionais. Até os críticos mais ferozes elogiaram o fato de Jennifer parecer ao mesmo tempo triste e sexy e se impressionaram com a abordagem madura que ela deu ao papel.

Essa atuação rendeu outra indicação ao Oscar de Melhor Atriz, mas, apesar do frenesi ao seu redor, Jennifer não teve muito tempo para celebrar. Ela precisou voltar rapidamente ao trabalho, pois *Jogos Vorazes: Em chamas* começou a ser gravado na mesma época. Se o impacto da notícia do Oscar a distraiu, Jennifer foi profissional demais para deixar transparecer e impressionou o elenco e a equipe com sua determinação e disposição para o trabalho, levando a preparação em termos físicos e mentais para a segunda parte da franquia tão a sério quanto na primeira.

Ninguém ficou surpreso por *Em chamas* ter sido outro grande sucesso logo após o lançamento, em novembro de 2012, superando *Homem de Ferro 3*, da Marvel, em janeiro de 2014, atingindo a maior bilheteria nos EUA e faturando 409,4 milhões de dólares. Mais uma vez, boa parte do sucesso do filme se devia à interpretação robusta e convincente de Katniss por parte de Jennifer.

Ela até recebeu um e-mail elogioso da então vice-presidente da Sony Pictures, Amy Pascal, elogiando o trabalho dela sob a direção de Francis Lawrence: "Acabei de assistir a *Em chamas* e sua interpretação foi fascinante. Era como assistir a Steve McQueen em *Bullitt*, simplesmente hipnotizante. E eu realmente amei o filme. Francis fez um ótimo trabalho."

Claro que Jennifer ficou radiante e respondeu na mesma hora: "Muito obrigada. Uau, que elogio, obrigada :) Desculpe-me pelo sumiço. Não tive tempo para mandar e-mails durante as entrevistas promocionais, então aproveitei o dia depois do feriado de Ação de Graças para colocar tudo em dia! Obrigada pelo comentário tão gentil. Espero ver você em breve :) Bjs e abs."

O sucesso seguinte, em *O lado bom da vida*, deu a Jennifer o privilégio de escolher os papéis que desejasse, mas o diretor David O. Russel ainda não estava pronto para deixá-la trabalhar em outros projetos e a escolheu para interpretar Rosalyn Rosenfield em outro filme, *Trapaça*, em 2013. Trabalhando com Bradley Cooper mais uma vez, ela é a estrela incontestável desse inteligente drama criminal. O filme é baseado no envolvimento do FBI em um escândalo de corrupção política ocorrido em Nova Jersey na década de 1970. A personagem de Jennifer, Rosalyn, é a esposa de um golpista que enfrenta pessoas influentes e a máfia.

Jennifer mostrou seu lado sexy ao usar uma série de vestidos decotados vintage, embora tenha sido divulgado que a avidez com que devorava os salgadinhos Doritos entre as cenas levou o departamento de figurino a substituir vários deles.

Segundo o figurinista Michael Wilkinson, "Jennifer Lawrence é uma jovem muito, digamos, sem rodeios e intuitiva, que não tem nada contra comer Doritos e outros petiscos vestindo o figurino... Ainda bem que tínhamos alguns [de reserva]."

Muitos críticos viram falhas no filme, mas a atuação de Jennifer foi universalmente elogiada mais uma vez. Ela se tornou a atriz mais jovem da história a ser indicada a Melhor Atriz Coadjuvante no Oscar, no Screen Actors Guild Awards, no Critics' Choice Awards e no Globo de Ouro.

Continuando a lucrativa parceria cinematográfica com Cooper, com quem exalava química por todos os poros, a dupla foi escalada quase imediatamente para interpretar marido e mulher de novo no filme *Serena*, de 2014, também adaptado de um romance, dessa vez, de Ron Rash. Jennifer foi chamada para substituir Angelina Jolie, que desistiu do filme ambientado na época da Grande Depressão. Mesmo sem ter sido a primeira opção para a personagem, ela mostrou o entusiasmo de sempre e se entregou ao papel. Era uma mulher emocionalmente instável e é estéril que, ao descobrir que o marido tem um filho ilegítimo de um relacionamento anterior ao casamento deles, trama o assassinato da mãe do garoto.

Jennifer nunca recebeu críticas negativas, mas esse filme foi mal recebido e teve o lançamento adiado várias vezes até decidirem evitar completamente os cinemas e lançá-lo apenas em DVD. Ainda assim, a interpretação sensível, madura e cheia de nuances de Jennifer rendeu elogios mais uma vez. Robbie Collins, do *The Daily Telegraph* sugeriu que "Lawrence saiu do filme muito melhor do que Cooper."

Mas não houve tempo para esquentar a cabeça com isso, visto que ela tinha poucos dias de descanso antes de voltar aos estúdios para a próxima etapa da franquia *X-Men*, repetindo o papel da mutante azul Mística em *X-Men: Dias de um futuro esquecido*, lançado em 2014. Nesse filme, o Professor X (interpretado em sua versão mais velha pelo veterano de *Jornada nas estrelas* Patrick Stewart e nas cenas do passado por James McAvoy) percebe que a criação dos

"Sentinelas", robôs que caçam todos os mutantes e têm a capacidade de se transformar para combater qualquer um deles, está diretamente relacionada com o fato de Mística ter sido presa depois de atirar em Bolivar Trask (interpretado pelo astro de *Game of Thrones* Peter Dinklage), o cientista anão que criou os sentinelas na década de 1970.

A trama, complexa, só deve ter sido totalmente compreendida pelos fãs de quadrinhos, mas Jennifer teve papel crucial na história. O filme mostrava como as Indústrias Trask adquiriram o DNA da Mística e descobriram o segredo de suas habilidades e poderes. Mais uma vez, ela estava no comando de um grande sucesso.

Mística, a mutante sensual e capaz de mudar de forma, azul dos pés à cabeça, foi vista como uma caracterização tão impressionante, provocante e ousadamente sexy que muitos críticos desejaram abertamente que a personagem tivesse aparecido mais nos filmes dos X-Men. Jennifer conseguiu se manter entre a ira e sensualidade e recebeu elogios rasgados por fazer uma aprendiz de vilã com quem o público surpreendentemente se identificava. No filme, ela se envolve em um triângulo amoroso com o Magneto de Michael Fassbender e o Fera de Nicholas Hoult.

Jennifer conseguiu dar a Mística uma aura de instabilidade que o público do mundo inteiro conseguiu entender em termos emocionais, mesmo quando ela se transformava em várias pessoas usando seu poder mutante.

Ter como figurino apenas uma camada de tinta azul pelo corpo deixa pouco para a imaginação, mas como sempre ela encarou tranquilamente o fato de aparecer quase nua diante das câmeras, sem contar o exército de técnicos grandalhões. Em uma entrevista à revista *People,* em 2012, ela disse: "Não tenho mais vergonha depois de *X-Men*. Havia tinta azul em lugares que eu nem sabia que existiam. Depois eu tinha que sair por aí nua, com escamas cobrindo minhas partes íntimas e cercada de homens. Isso cura você de qualquer inibição."

Jennifer também contou à revista *Rolling Stone* sobre a dificuldade que teve em receber de volta o depósito de segurança que fez ao alugar um apartamento em Notting Hill, região oeste de Londres, durante as filmagens porque a maquiagem azul deixou o banheiro todo manchado.

CAPÍTULO TRÊS

HORA DO TROFÉU

Quando este livro foi escrito, Jennifer já tinha recebido mais de duzentas indicações a prêmios. Aos 20 e poucos anos e com uma carreira relativamente breve, trata-se de um feito e tanto para qualquer um. Ela está no mercado há apenas alguns anos, mas desde o papel como filha adolescente de Bill Engvall até a atuação vencedora do Oscar na bem-sucedida comédia criminal *Trapaça*, ela rapidamente se estabeleceu como uma das estrelas mais talentosas de Hollywood e tem uma estante de troféus para provar isso.

Logo na primeira aparição na TV, no *The Bill Engvall Show*, ela conquistou o prêmio dado pela Young Artist Awards de Melhores Atores Jovens. A série de 2011 era dividida com os colegas Skyler Gisondo e Graham Patrick Martin. Jennifer também foi indicada a Melhor Interpretação de Jovem Atriz Coadjuvante em uma Série de TV (Comédia ou Drama) pelo mesmo papel.

Porém, em 2009 ela se despediu às lágrimas de sua família televisiva quando começou a emplacar papéis no cinema. Embora tenha garantido que ela atuaria na série novamente, há pouca chance de Jennifer voltar à televisão em um futuro próximo.

Ela ficou surpresa e honrada ao vencer o prêmio de Melhor Atuação no Festival de Cinema de Los Angeles pelo filme *A casa de jogos*. No entanto, já se acostumava a fazer discursos de agradecimento educados, o que aconteceu em boa hora, pois as láureas vinham cada vez mais rápido e em maior quantidade.

Jennifer também foi indicada a Melhor Atriz Jovem em Filme, Minissérie ou Especial de TV pelo mesmo papel. O Prêmio Marcello Mastroianni para Atores Revelação do Festival de Veneza por *Vidas que se cruzam*, de 2008, veio na sequência.

O papel que a fez estourar em *Inverno da alma* também rendeu uma série de prêmios e o início de vários anos dominando o tapete vermelho. Esta interpretação levou Jennifer às primeiras indicações ao Oscar e ao Globo de Ouro.

Até os papéis em franquias de ação, que costumam ser desprezados por críticos e premiações, renderam a ela reconhecimento e elogios. O Scream Awards a indicou como Melhor Atriz de Fantasia pela atuação como Mística/Raven no filme *X-Men: Primeira classe* em 2011. O Teen Choice Awards também indicou Jennifer ao prêmio de Revelação: Feminino e, junto com os colegas de *X-Men*, ela ganhou na categoria Melhor Química em Filme.

Então, não surpreende que o papel de Katniss Everdeen também tenha lhe rendido quase quarenta prêmios e indicações!

Apesar de todos os elogios, do acúmulo de prêmios e de uma conta bancária com cifras cada vez mais altas, Jennifer conseguiu manter os pés no chão e admitiu à revista *W* que não entende o motivo de todo o estardalhaço. "Não tenho muitos talentos: não sei cozinhar, não sei limpar e não sei costurar. A única coisa que consegui fazer bem é atirar com arco e flecha, o que aprendi para *Jogos Vorazes* e provavelmente nunca vou usar, e atuar. Se tivesse vivido no século passado, eu seria inútil."

Ela pode ser conhecida pelo humor mordaz, mas em uma aparição no programa de entrevistas *The Colbert Report*, em 2014, Jennifer admitiu que não apenas comeu chili de esquilo como tirou a pele de um desses bichinhos a fim de se preparar adequadamente para uma cena difícil.

Em *Inverno da alma*, a personagem Ree precisava caçar, tirar a pele e remover as entranhas de um esquilo para alimentar a família que passava fome. Em entrevista à *Rolling Stone*, Jeniffer explicou que, embora preferisse dizer que a cena não foi real para satisfazer a organização em prol dos direitos dos animais PETA, ela realmente aconteceu. Jennifer até teve a opção de fingir, mas como leva o trabalho a sério, insistiu em realmente retirar as tripas do animal. Apesar de ter atuado muito bem, assim que as câmeras pararam de filmar, ela gritou e disse que nunca mais comeria espaguete.

Em 2012, Jennifer ficou muito feliz ao receber uma indicação ao Oscar por seu papel como Tiffany Maxwell no elogiado drama *O lado bom da vida*. Ela quase perdera a personagem para a estrela Blake Lively, de *Gossip Girl*, mas felizmente acabou escolhida para a atuação que mudaria sua vida.

Os meses após a indicação foram corridos, pois ela se envolveu na campanha do estúdio para conquistar os maiores prêmios da noite. Jennifer continuou tranquila e calma durante o verdadeiro tsunami de entrevistas, aparições públicas e festas luxuosas. Os melhores estilistas brigavam para vesti-la, e ela sabia que os olhos do mundo a observavam, analisavam e julgavam todos os seus movimentos. Quem torcia para vê-la tropeçar mal sabia que o desejo estava prestes a se realizar.

Ela ganhou o Oscar de Melhor Atriz em fevereiro de 2013, já tendo faturado uma série de outros prêmios na corrida para a grande noite, incluindo o Globo de Ouro, o Independent Spirit Awards, o Screen Actors Guild, o Prêmio da Associação de Críticos de Cinema de Los Angeles, o Prêmio da Associação de Críticos de Cinema de Central Ohio, o da Sociedade de Críticos de Cinema de Denver, o IGN Summer Movie Awards, o MTV Movie Awards e o People's Choice Awards.

Não há duvida de que o papel em *O lado bom da vida* rendeu o prêmio para Jennifer graças à interpretação impressionante, vívida, irritadiça, magoada e sensual da viúva e competidora de dança Tiffany. Quando assinou o contrato para esse papel, Jennifer não fazia ideia que receberia tantos prêmios. Ela apenas viu um roteiro bem-escrito e uma oportunidade de ouro como atriz, que agarrou com unhas e dentes antes de se jogar no tango com a verve e a empolgação de sempre. Havia outras indicadas, incluindo Jessica Chastain no elogiado thriller *A hora mais escura*, mas desde o início Jennifer surgiu como favorita na temporada de prêmios daquele ano, com Hollywood parecendo desesperada para coroá-la como a queridinha da vez.

Contudo, foi a lendária aparição na cerimônia de entrega do Oscar em 2013 que entrou para a história da indústria do entretenimento. Jennifer chegou com o então namorado Nicholas Hoult e deixou todos boquiabertos no tapete vermelho. Ao longo da cerimônia ela parecia bem tranquila, mas, após ouvir o seu nome ser chamado pelo ator francês Jean Dujardin, que fora premiado no ano anterior pela encantadora homenagem ao cinema mudo

O artista, ela correu na direção do palco e pisou na barra do vestido Dior que ia até o chão. Assim, tropeçou e caiu nos degraus, para espanto da plateia repleta de astros e estrelas.

A humilhação de estragar um momento crucial como aquele, observada por uma plateia de bilhões de pessoas de todo o mundo, provavelmente é o pior pesadelo de qualquer estrela. Ela pode não ter sido elegante ou majestosa na hora, mas riu animadamente e até conseguiu se recuperar da situação a ponto de fazer piada quando conseguiu chegar ao microfone. Jennifer sugeriu que a plateia só estava batendo palmas, gritando e se levantando porque estava com pena dela após o tombo e não pela vitória.

Foi um momento que seria repetido, analisado e viraria motivo de piada incontáveis vezes. Alguns céticos até sugeriram que o tombo foi proposital, para chamar ainda mais atenção, mas ela jamais confirmou isso.

Jennifer admitiu ter adorado saber que o ator Hugh Jackman levantou do seu lugar na primeira fila para ajudá-la, mas alegou não ter notado a presença do colega de elenco de *X-Men* atrás dela porque lutava para se levantar rapidamente e manter um pouco de dignidade.

Ela também explicou que a pressão em torno do Oscar podia transformar a cerimônia em uma experiência avassaladora. "É uma honra imensa e um orgulho inigualável, mas também é um negócio meio bizarro. De repente você está nessas festas em que todo mundo é famoso e você se sente uma perdedora", admitiu ela à revista *W*.

Depois veio à tona a notícia que Jennifer tinha o apoio de amigos importantes: a então vice-presidente da Sony Pictures, Amy Pascal, tinha mandado e-mail para ela pouco antes da premiação, dizendo: "Espero que você tenha um ótimo fim de semana e que você receba tudo de bom que está por vir agora e para sempre. Estarei lá no domingo torcendo por você."

Essa mensagem de Amy para Jennifer, que usa o apelido Peanutbutt (uma corruptela de "manteiga de amendoim" em inglês) como parte do endereço de e-mail, foi revelada em um amplo vazamento de milhares de mensagens roubadas do banco de dados da Sony por hackers.

Apesar da vitória triunfante, ninguém deixava Jennifer esquecer sua famosa queda. Em uma entrevista com Dior, o estilista francês responsável pelo glamoroso vestido branco que ela usou naquela noite, Jennifer falou do momento absurdamente embaraçoso pelo qual ela sempre será lembrada: "Claro que tenho lembranças muito especiais do vestido que usei no Oscar! Algumas são divertidas, outras nem tanto", brincou ela, rindo. "Acho que essas roupas precisam ser mais acessíveis para escadas"

Apesar da piada, Jennifer deixou bem claro que adora a Dior e ficou ao mesmo tempo surpresa e contente quando recebeu a oferta de um contrato para aparecer em várias (e lucrativas) campanhas para a marca francesa. Como parte do acordo, ela quase sempre usa Dior no tapete vermelho.

"É bom vestir algo lindo, você se sente linda", comentou ela sobre os vestidos caríssimos e exclusivos. "Quando você está usando uma roupa de que realmente se orgulha ou um vestido em que se sente realmente bem, pode ser divertido e, portanto, você fica mais feliz."

Tropeçar na escada não foi a primeira gafe pela qual Jennifer seria lembrada na temporada de prêmios. Ela já tinha causado polêmica algumas semanas antes, ao receber o Globo de Ouro em 2013, derrotando Meryl Streep, indicada por *Álbum de família*.

Quando subiu ao palco, Jennifer olhou para o que estava escrito na estatueta e disparou: "Ah, o que está escrito aqui? 'Eu derrotei a Meryl.'" Alguns presentes na plateia não perceberam que a brincadeira foi uma citação inocente a uma comédia de 1996 e se declararam horrorizados com a arrogância, pois ela parecia estar debochando da premiada atriz por não ter vencido a disputa.

Contudo, Jennifer se defendeu assim que teve oportunidade: "Para início de conversa, estamos falando de Meryl Streep. Você não pode ofender Meryl Streep", contemporizou ela no programa de David Letterman exibido pouco depois da cerimônia. Ao ser perguntada sobre o mal-entendido: "Nunca dá certo quando eu improviso, mas aquilo era uma frase do filme *O clube das desquitadas*", acrescentou, usando o espaço no *The Late Show* para se arrepender do pecado que era supostamente debochar de Meryl Streep.

Mesmo assim, Jennifer não entendeu como a Internet pôde interpretar mal o comentário brincalhão e atacou a enxurrada de ofensas que recebeu: "De repente, eu passei a odiar a Meryl Streep. Foi nisso que a história se transformou? Que eu não gosto da Meryl Streep? Como se eu tivesse ficado de olho nela a vida inteira e agora pensado: 'Finalmente! Sabia que isso ia acontecer um dia.'"

Considerando que Streep é uma das celebridades mais famosas do planeta, não chega a surpreender que as palavras de Jennifer tenham sido tão mal--interpretadas ou tiradas de contexto e supervalorizadas.

Aparentemente, a filha de Meryl, Mamie Gummer, estava entre os que não entenderam a piada e confessou ter ficado confusa pelo comentário inoportuno.

Já a atriz Lindsay Lohan recorreu ao Twitter para desabafar e protestar contra o que imaginou ter sido a intenção de Jennifer, acrescentando: "Ninguém deveria brincar com uma lenda como Meryl Streep."

Contudo, Jennifer era uma admiradora antiga desse ícone de Hollywood e declarou à revista *Vanity Fair* que jamais ofenderia um de seus maiores ídolos profissionais: "Quando fico obcecada por alguém, instantaneamente morro de medo desse alguém. Não da pessoa em si, tenho medo de mim e de como eu reagiria ao encontrá-la. Por exemplo, uma vez alguém me apresentou a Bill Maher, eu vi Meryl Streep entrar no recinto. Literalmente coloquei a mão no rosto do Bill Maher, falei: 'Agora não, Bill!' e fiquei lá encarando a Meryl Streep de um modo bem assustador."

Jennifer admitiu ter dificuldade para manter a compostura quando fica cara a cara com outras celebridades que admira e conta que muitas vezes não consegue se conter e se comporta como uma fã histérica diante de seus ídolos. Outro mal-entendido parecido ocorreu em maio de 2014, quando ela foi a uma festa particular organizada pela Armani e a *Vanity Fair* durante o Festival de Cannes e começou a gritar quando viu o lendário diretor Alfonso Cuarón.

Jennifer chegou perto dele e ficou tão empolgada que deu o que chamou de "grito do estupro" para o cineasta. O comentário foi criticado, levando várias pessoas indignadas a acusá-la de banalizar o estupro. Segundo o famoso blogueiro Perez Hilton, mesmo com Jennifer sendo conhecida pela sinceridade e acreditando que tudo o que foi dito no evento era particular, brincar com estupro era imperdoável. De acordo com algumas fontes, Cuarón se divertiu com o incidente na época, e nem ele nem Jennifer tiveram qualquer tipo de reação pública à polêmica.

Jennifer costuma se definir como "desajeitada" e, considerando as gafes e mancadas verbais, não é difícil entender o motivo.

Quando se preparava para o Oscar do ano seguinte por ter sido indicada pela segunda vez consecutiva ao prêmio, dessa vez pelo filme *Trapaça*, perguntaram a Jennifer se estava mais confiante. Ela nitidamente não se esqueceu do momento desastroso que continuava a assombrá-la: "Ah! Você não viu meu último momento no Oscar? Eu me comportei *muito* bem! Acho que é bastante injusto fazer uma pessoa falar na frente do mundo inteiro em um momento como aquele, pois é emoção demais. Foi assustador e me arrependo agora por não ter feito o que deveria. Devia ter preparado algumas palavras. É bom ter algo para dizer ou alguma ideia do que falar se chamarem o seu nome.

"Sempre que pensava nisso eu ficava tão ansiosa que nem conseguia preparar nada. Então, quando me chamaram, subi no palco, desejei feliz aniversário para Emmanuelle Riva, de *Amor*, e depois saí sem nem agradecer ao David [Lawrence, diretor do filme] ou Harvey Weinstein [o produtor]."

Jennifer afastou qualquer sugestão de que o discurso de agradecimento, com direito à queda na escada teria sido planejado ou mesmo charme. "Parecia que eu estava bêbada", comentou ela ao *Deadline*. "Mas já aprendi a não deixar o vestido embolar na minha frente enquanto subo as escadas."

Apesar de ficar muito envergonhada ao lembrar, Jennifer aproveitou bastante a grande noite. Uma das primeiras pessoas que viu ao entrar no Governors Ball após pegar a sua estatueta foi Wolfgang Puck. Mas foi ela quem ficou fascinada por ver um famoso, e não o chef celebridade, que preparara a comida para a luxuosa festa pós-show.

"Ela não sabia quem eu era", contou Puck depois. "O assessor de imprensa falou: 'Esse é o Wolfgang Puck!' Ela respondeu: 'Ai, meu Deus, como a sopa enlatada dele o tempo todo!' Achei muito engraçado."

Puck faz o cardápio do baile há 21 anos e geralmente umas 1.500 pessoas vão à festa, que acontece logo após a transmissão do Oscar em um salão de baile perto do Dolby Theatre. Contudo, apesar do opulento banquete à disposição, Jennifer admitiu ter ficado bêbada e alegou ter sido silenciosamente julgada pela estrela pop Miley Cyrus, que a viu vomitando em outra das várias festas pós-Oscar. Jennifer contou ao apresentador norte-americano Seth Meyers que nunca tinha ido às festas pós-cerimônia, mas foi convencida por sua melhor amiga, Laura Simpson. "Normalmente eu fico de saco cheio das pessoas àquela altura", revelou ela. "Mas dessa vez eu pensei: 'Vou sair.' E vomitei à beça."

Ela estava em frente à casa do empresário da Madonna, Guy Oseary, na famosa comemoração anual pós-Oscar organizada por ele quando foi flagrada por Cyrus. "Se você consegue um convite, então é uma pessoa superimportante. Eu estava muito mal, olhei para trás enquanto vomitava e Miley Cyrus estava lá, [parecendo dizer]: 'Toma vergonha.'"

Naquele mesmo ano, Laura Simpson escreveu sobre a experiência de acompanhar Jennifer nas festas luxuosas e reclamou da falta de comida nos eventos hollywoodianos: "Você está MORRENDO DE FOME porque não comeu desde o café, às 9 da manhã", escreveu ela no MySpace. "A Academia realmente precisa ter mais opções de canapés porque agora todo mundo está bêbado." A própria Jennifer depois revelou que tinha devorado um calórico sanduíche de carne e queijo pouco antes de ir ao Oscar de 2011.

Por isso, não surpreendeu que Jennifer não estivesse animada com a próxima aparição no Oscar. Quando o *Deadline.com* perguntou se ela estava empolgada com as preparações para o tapete vermelho de 2014, quando voltaria à cerimônia para apresentar o premio de Melhor Ator, Jennifer brincou: "Empolgada? Estou tentando voltar à época em que ficava animada com as provas de vestido. Fiz uma prova aqui em Atlanta e acho que ajuste final vai ser no dia da cerimônia. Espero que caiba."

E uma entrevista para a campanha Miss Dior, Jennifer confessou que só queria usar um vestido com o qual pudesse caminhar normalmente, mas isso não significa que ela estivesse infeliz no belíssimo vestido branco do ano anterior, que escolheu entre centenas de opções disponíveis. "Olhei para uma foto dele na passarela e foi o vestido mais lindo que já vi na vida", derreteu-se ela.

E ela manteve a tradição: quando apresentou o prêmio de Melhor Ator, que foi para Matthew McCounaghey pelo papel em *Clube de compras Dallas*, a gafe se repetiu, provando que um raio pode cair duas vezes no mesmo lugar.

Pelo menos no Oscar de 2014, Jennifer tropeçou e caiu antes de o programa começar. Foi logo na chegada, quando acenava para os fãs e andava pelo tapete vermelho. Ela depois disse à correspondente do *ABC News* Lara Spender que não teve culpa, pois tropeçou em um cone de trânsito ao sair do carro, apesar de ter se preparado, subindo um lance de escadas com o vestido vermelho tomara que caia para não repetir o desastre do ano anterior. "Este ano eu realmente fiz um teste na escada e ele ficou um pouco empoeirado, mas deu certo", revelou. "Mas eu tropecei em um cone, então acho que não estou segura. Sou péssima com salto. Não consigo andar e meus pés ficam desconfortáveis."

Nas imagens que capturaram o fatídico momento, Jennifer aparece agarrando uma mulher que estava em pé na frente dela enquanto cambaleava rumo ao chão. Depois disso, ela seguiu rindo pelo tapete vermelho.

A apresentadora Ellen DeGeneres relembrou o infame tombo do ano anterior no monólogo de abertura da cerimônia de 2014: "Se você ganhar hoje, acho que devemos levar o Oscar até você", brincou a comediante.

Jennifer depois disse ao *New York Times*: "É assim que sigo a vida, livre como uma idiota porque não tenho ideia do que estou fazendo."

Ela compareceu à cerimônia vestindo, novamente, um Dior, após relatos de que teria assinado um contrato de três anos com a luxuosa marca, no valor de quinze a vinte milhões de dólares. Ela é modelo e porta-voz da marca de luxo desde 2012 e adorou continuar a parceria, o que significa que não precisa escolher estilistas para eventos de primeira linha: o acordo prevê que ela sempre seja vestida pela Dior e as roupas sejam ajustadas para as curvas dela em vez de Jennifer ter de cortar calorias para se encaixar nos tamanhos comuns.

Ela disse à revista *W*: "Na época do Oscar, eu já estava de saco cheio de tantos ajustes, provas e espartilhos e das pessoas perguntando 'O que você vai vestir?' Precisei fazer dieta porque todas as festas têm champanhe e canapés. Eu comi muito! Acho que usei duas cintas modeladoras na noite da premiação."

Embora tenha perdido o Oscar pelo papel coadjuvante de Rosalyn em *Trapaça* para Lupita Nyong'o, estrela de *12 anos de escravidão*, não houve sinal de rivalidade, e as duas atrizes viraram boas amigas. A dupla se encontrou pela primeira vez na premiação Screen Actors Guild Awards e Lupita disse a David Letterman no programa *Late Show*: "Eu a conheci nos SAG Awards. Virei e ela me viu ao mesmo tempo em que eu a vi. Jennifer fez uma cara ridícula de espanto e me ganhou nessa porque, se não tivesse reagido assim, aquela seria a exatamente cara que eu faria!"

E quando Letterman chamou Jennifer de "excêntrica", Lupita defendeu a nova amiga: "Por isso que ela é ótima! Adoro as caras e bocas que ela faz!"

Apesar dessa derrota, Jennifer ganhou o Globo de Ouro e o BAFTA daquele ano. Foi a segunda indicação ao BAFTA, e ela não compareceu à premiação realizada no Royal Opera House, em Covent Garden. Na primeira vez que apareceu na cerimônia que acontece em Londres, contudo, Jennifer conquistou os corações britânicos mantendo a tradição estabelecida por Brad Pitt em 2012, quando jogou um beijo para a plateia após o pedido do apresentador Stephen Fry.

No BAFTA, Jennifer derrotou Lupita Nyong'o, que era a grande favorita, além de Julia Roberts, indicada por *Álbum de família*, Oprah Winfrey por *O mordomo da Casa Branca* e Sally Hawkings pelo papel em *Blue Jasmine*.

Como Jennifer não estava lá para receber o prêmio das mãos de Leonardo DiCaprio, o diretor de *Trapaça*, David O. Russel, aceitou em nome dela. Foi o segundo grande evento da temporada de premiações que ela deixou de comparecer por estar filmando ao mesmo tempo *X-Men: Dias de um futuro esquecido* e a última parte da franquia *Jogos Vorazes*.

Jennifer disse ao *Deadline.com* que ficou completamente chocada ao saber da vitória, pois àquela altura ela tinha esquecido a indicação. "Ah, foi uma grande surpresa. Eu não lembrava que a entrega do BAFTA seria naquele dia. Certamente não pensava que ia ganhar e tirei aquilo da cabeça. Então lá estava eu sendo pintada de azul e alguém disse: 'Você acabou de ganhar um BAFTA!' Eu falei: 'Ah, não fode!' e era verdade."

Felizmente ela havia preparado algumas palavras para serem lidas pelo diretor à plateia reunida em Londres. Russell as levou escritas, mas fez o discurso de cabeça, agradecendo às outras atrizes, aos roteiristas e obviamente a si mesmo em nome de Jennifer. Ela também pediu que ele dissesse o quanto ela gostou da oportunidade de mostrar "desgosto, romance, renascimento, música e vida".

Após dirigir dois filmes de imenso sucesso feitos por Jennifer, *O lado bom da vida* e *Trapaça*, David O. Russel explicou sua abordagem não convencional de fazer cinema em uma entrevista a Jon Stewart no *The Daily Show*.

Revelando que gosta de se aproximar da trupe de atores, incluindo obviamente Jennifer e o frequente colega de cena Bradley Cooper, o diretor e roteirista explicou que prefere acompanhar o elenco no set com uma pequena câmera de mão para capturar as emoções deles em vez de ficar sentado atrás da equipe observando a ação acontecer em um monitor, como vários diretores modernos fazem.

"Gosto de estar muito próximo dos meus atores. Não gosto de sentar no que eles chamam de *video village* ou ilha, que geralmente fica a cem metros ou mais do set. Prefiro ficar perto deles, que eles me sintam e que eu os sinta. Sempre filmo com uma câmera pequena para conseguir estar presente."

Enquanto a maioria dos diretores confia na capacidade da equipe de câmeras, Russell prefere segurar a câmera. Uma imagem incrível dos bastidores da filmagem de *Trapaça* mostra o diretor esparramado no banco de trás de um carro, com Jennifer Lawrence e Jack Huston sentados à frente. Quando Jennifer, interpretando Rosalyn Rosenfeld, olhava casualmente por cima do ombro, conseguia ver Russel agachado atrás dela com uma pequena câmera e vários equipamentos ao redor. O diretor explicou que um dos motivos de ser tão ligado a Jennifer era porque ela adorava este método pouco ortodoxo de fazer cinema.

Abrindo o jogo sobre o relacionamento com a atriz vencedora do Oscar e seus colegas de cena Bradley Cooper, Amy Adamas e Christian Bale, ele acrescentou: "Jennifer se acostumou com isso e gostou muito. Jack Houston, que está sentado com ela, interpreta o homem que a corteja, então, essa é a cena que eles estavam filmando. É ótimo quando tenho uma conexão intuitiva com os atores e eles me inspiram a escrever papéis para eles. Eu escrevi para Jennifer, Bradley, Christian e Amy. Falei com eles: 'Vamos criar um papel que valha a pena para você.' Sou um privilegiado por ter a amizade deles."

Jon Stewart, do *The Daily Show,* provocou bastante o diretor pelo método um tanto peculiar. Ele brincou: "Parece que você está segurando vela para um encontro amoroso horrível. Você é o diretor e parece que está sendo transportado ilegalmente para Tijuana."

A equipe, contudo, não fez qualquer crítica à forma pela qual o filme foi feito, e o também indicado figurinista australiano Michael Wilkinson faz coro com aqueles que elogiam Jennifer. Segundo ele, foram usadas tanto roupas vintage quanto novas para a personagem dela no frenético e exuberante filme de roubo passado nos anos 1970 dirigido por Russell.

"Jennifer e eu nos divertimos com a personagem", explicou Wilkinson. "Nós realmente queríamos que houvesse algo estranho no jeito de Rosalyn se vestir e que ela geralmente estivesse vestida de modo inadequado para a situação, seja exagerando para mais ou para menos, usando coisas que realmente não funcionavam muito bem para o corpo dela. O roteiro é tão vibrante, complexo e interessante que eu me esforcei para garantir que as minhas escolhas de figurino seguissem esse padrão de alto nível", acrescentou Wilkinson no almoço dos indicados ao Oscar em Beverly Hills.

"E David permitiu que eu me aprofundasse bastante no trabalho, indo além do meu escopo habitual e pensando fora da caixa."

Talvez o traje mais marcante usado por Jennifer tenha sido o vestido branco justíssimo na cena do cassino, que mostrava mais do corpo da atriz do que ela geralmente permite. "O decote é extremamente profundo", continuou Wilkinson. "Gostamos dessa ideia de 'Será que ela vai conseguir ficar dentro do vestido ou não?' A roupa dava essa noção incrível de eletricidade e perigo."

Pensar fora da caixa veio bem naturalmente para vestir a imprevisível e excêntrica Rosalyn. Embora Jennifer fosse pelo menos dez anos mais jovem que a personagem da dona de casa louca e volúvel, a idade nunca havia sido um problema e, mais uma vez, ela superou esse obstáculo usando a força do seu talento imbatível.

Essa foi considerada a interpretação mais livre e loucamente divertida de Jennifer, mesmo com alguns críticos alegando que o diretor, que provavelmente aceitaria qualquer coisa vinda dela, cedia a todas as vontades da atriz. A dança surtada ao som da música dos Wings, "Live And Let Die", a perplexidade diante de um micro-ondas e o confronto de poderosas no banheiro com Amy Adams foram momentos inesquecíveis em um filme que por pouco não deu a Jennifer um segundo Oscar para a sua coleção de prêmios.

CAPÍTULO QUATRO

SURGEM AS DIFICULDADES

Jennifer foi obrigada a perder várias festas com o elenco de *Trapaça* devido à implacável agenda de trabalho. David O. Russell costumava sair em defesa da atriz quando ela estava ausente. Durante as filmagens de *Jogos Vorazes: A esperança — Parte 1*, quando ela estava gravando em Atlanta após a produção ter sofrido atrasos devido a tempestades de gelo, o diretor revelou o quanto ela estava exausta, dizendo-se preocupado com tanta pressão sobre ela.

Russell também comentou que os chefões de *Jogos Vorazes* estavam fazendo Jennifer trabalhar como uma escrava. Ele disse à coluna *Confidential* no prêmio AACTA da Academia Australiana: "Vou falar o que está acontecendo com essa menina. Sabe *12 anos de escravidão*? Essa franquia é isso."

Contudo, ele se desculpou por esses comentários após ter recebido críticas por ter feito piada com escravidão, o que foi considerado de mau gosto. Russell disse ao *MailOnline*: "Está claro que usei uma analogia idiota em uma tentativa ruim de fazer piada. Percebi isso assim que falei e realmente sinto muito."

Explicando o que quis dizer com o comentário, ele continuou: "Acho que eles deviam dar um tempinho para Jennifer respirar porque estão ganhando muito dinheiro, mas ela é uma pessoa com muita energia."

Após duas indicações ao Oscar, o magnata do cinema Harvey Weinstein, que financiou *O lado bom da vida*, concordou que Jennifer precisava de um descanso após gravar freneticamente por vários anos seguidos: "Ela vai ter uma longa pausa e ficar um ano sem fazer nada", explicou ele ao jornal *The Sun*. "Jennifer assinou o contrato para fazer *Jogos Vorazes* quando era jovem e não percebeu o quanto isso tomaria a sua vida, mas é uma profissional e sempre será. Ela vem trabalhando direto e merece um descanso."

Mas a possibilidade de a agenda incluir um descanso era mínima, visto que, após os prêmios, a pressão era maior do que nunca. Jennifer voltou direto para Atlanta a fim de continuar filmando a última parte de *Jogos Vorazes*, mas a produção foi interrompida após a morte repentina de Philip Seymour Hoffman em fevereiro de 2014. Ele interpretava Plutarch Heavensbee na série de fantasia distópica.

Com apenas 46 anos de idade, ele iria se juntar ao elenco nas gravações, mas foi encontrado no chão do banheiro do caríssimo apartamento em Nova York pelo assistente pessoal e amigo, o dramaturgo David Bar Katz, após não ter aparecido para buscar os filhos. Após catorze anos de relacionamento, Hoffman estava recém-separado da figurinista Mimi O'Donnell. Logo se descobriu que ele tinha morrido por overdose, deixando os filhos Cooper, Tallulah e Willa e uma fortuna estimada em 35 milhões de dólares.

Os amigos não tinham noção da gravidade do vício em drogas pesadas, e acreditavam que ele já havia vencido seus demônios. Aos 22 anos, o astro havia se internado em uma clínica de reabilitação para lutar contra o vício em álcool e narcóticos, mas até onde Jennifer e o resto do elenco de *Jogos Vorazes* sabiam, ele havia trocado este vício pelo amor obsessivo pela atuação. O problemático pai de três filhos que ganhou um Oscar de Melhor Ator por *Capote*, lançado em 2005, era conhecido por mergulhar no trabalho até a exaustão física e mental. Após terminar as filmagens de *Capote*, ele prometeu à esposa que nunca mais ficaria obcecado por outro personagem da mesma forma.

Porém, à medida que uma série de ofertas para filmes bem-sucedidos foi aparecendo, as festas falaram mais alto e ele voltou a usar drogas: "Era tudo o que eu via pela frente", revelou ele uma vez. "Gostava de tudo."

No caminho que o levaria à morte prematura, Seymour Hoffman sucumbiu mais uma vez em maio de 2013, quando se internou para um programa de desintoxicação após cheirar heroína. Os amigos pensaram que o tratamento de dez dias tinha funcionado e ele voltou a trabalhar, porém menos de um ano depois o ator saiu em uma busca desesperada por drogas nas ruas próximas ao seu apartamento nova-iorquino e morreu de overdose com um coquetel fatal que incluía heroína, cocaína, benzodiazepínicos e anfetamina. De acordo com os relatos, quando seu corpo foi encontrado, ele tinha uma seringa injetada no braço e estava cercado por setenta saquinhos do que parecia ser heroína e mais outras vinte seringas usadas.

Segundo o *The Hollywood Reporter*, o elenco inteiro estava trabalhando quando recebeu a notícia da tragédia. A filmagem foi imediatamente interrompida para que todos lidassem com o luto.

Seymour Hoffman estava gravando os dois filmes do volume *Jogos Vorazes: A esperança* nos meses anteriores à sua morte e passava a maior parte do tempo trabalhando com o elenco e a equipe da franquia.

A morte dele foi um golpe devastador para todos, e Jennifer ficou emocionalmente abalada. Junto com o elenco ela fez uma emocionada declaração em homenagem ao colega: "Não temos palavras para descrever a perda devastadora que estamos sentindo agora", disse ela. "Phillip era uma pessoa maravilhosa e um talento excepcional. Nosso coração está partido. Mandamos as nossas condolências mais profundas para a família."

Seymour Hoffman tinha terminado quase todo o trabalho no último filme da franquia e faltavam apenas sete dias para terminar as filmagens. A equipe foi obrigada a usar tecnologia de imagens computadorizadas para finalizar as cenas que o ator não pôde fazer.

Como ele já havia terminado o primeiro filme, *Jogos Vorazes: A esperança — Parte 1*, os produtores confirmaram que não escalariam outro ator para o papel e que o lançamento dos filmes não seria adiado.

"Philip Seymour Hoffman era um talento singular e um dos atores mais talentosos da nossa geração", disse a produtora Lionsgate em uma declaração.

"Temos muita sorte por ele ter honrado a família *Jogos Vorazes*. Perdê-lo no auge é uma tragédia e mandamos nossas condolências mais profundas à família de Phillip."

Como sinal de respeito ao luto do elenco e da equipe, a produção do filme foi brevemente interrompida. Francis Lawrence, que também dirigiu

A esperança, teve o cuidado de facilitar a volta das protagonistas às filmagens sem o colega de cena. Ele contou que a equipe retomou lentamente o filme, com Jennifer e Liam Hemsworth sendo os primeiros astros a voltar ao set em Atlanta, Geórgia, poucos dias após receberem a triste notícia.

"Começamos bem devagar, fizemos só uma cena com Katniss e Gale, interpretado por Liam Hemsworth, então, não tinha figurante algum por perto. Eram apenas os dois filmando por algumas horas ao dia. Nós facilitamos o retorno de todos ao trabalho, mas é um elenco grande, então, sempre que alguém ficava sem gravar por algum tempo, retomava o trabalho e a emoção voltava com força total."

Seymour Hoffman interpretava o líder de uma base militar subterrânea e ex-Idealizador dos Jogos. Foi ele quem recrutou Katniss para incitar os cidadãos de Panem a pegar em armas contra a autocrática Capital e acabar com o governo tirânico do cruel presidente Snow, interprtado por Donald Sutherland.

Francis Lawrence comparou o estilo de seus protagonistas, dizendo: "É interessante quando você trabalha com alguém como Jen, que não fala sobre o que faz. Ela simplesmente faz. É tudo instintivo e acho que ela tem até dificuldade para falar sobre isso, enquanto o Phillip Seymour Hoffman é totalmente diferente. Ele gosta de falar e, ao contrário de outros atores que falam e não mudam, ele realmente consegue mudar a interpretação. E tem um jeito próprio de mergulhar em uma cena. Há um momento em que Phil, Julianne [Moore] e Jeffrey [Wright] estão sentados à mesa [no início do filme] e era fascinante para ele cavar cada vez mais fundo e ver as camadas de nuance e subtexto que eram acrescentados. Dá para ver que é diferente de vários atores, pois ele está falando sobre o processo durante o processo. Entre as cenas ele faz perguntas, fala comigo ou com a Julianne e você pode vê-lo evoluir e mudar. É algo maravilhoso de assistir."

Algumas pessoas acharam que Jennifer foi obrigada a trabalhar muito rápido após a tragédia e, em uma entrevista à revista *Empire*, ela admitiu que estava disposta a fazer uma pausa: "Tudo bem, a culpa é minha. Eu tiro umas folgas aqui e ali, mas no último dia de *Jogos Vorazes* eu vou desligar o telefone por um ano!", prometeu.

Para aumentar o estresse, Jennifer se viu no meio de um problema jurídico inesperado quando os produtores de *Trapaça* foram processados em um milhão de dólares por uma cena de dez segundos em que Jennifer fala sobre um micro-ondas. No filme, a personagem Rosalyn Rosenfeld coloca fogo no forno usando papel alumínio e depois reclama que o novo aparelho "tira todos os nutrientes da comida", explicando ao marido Irving (interpretado por Christian Bale): "Não é mentira. Eu li em um artigo de Paul Brodeur."

Mas o Sr. Brodeur, jornalista que realmente existiu e escreveu sobre os possíveis riscos da radiação emitida pelos micro-ondas na década de 1970, disse que nunca fez esta afirmação em particular e exigiu um milhão de dólares por difamação. Ele alegou que o filme associa o nome dele a uma declaração que não pode ser afirmada cientificamente sobre "tirar os nutrientes da comida", disse o *ABC News*. O jornalista também pedia que a Atlas Entertainment, a Annapurna Productions e a Columbia Pictures retirassem o nome dele do filme.

Segundo Brodeur, o espectador podia pensar que ele estava equivocado e mal-informado sobre radiação causada por micro-ondas, o que prejudicaria a sua carreira. O juiz negou a tentativa dos produtores de negociar um acordo, de maneira que o processo seguiu adiante.

Lançado em outubro de 2013, *Trapaça* foi livremente baseado no escândalo Abscam, em que o FBI usou informantes para capturar políticos e empresários corruptos. Embora a atuação de Jennifer tenha sido altamente elogiada, houve diversos tipos de crítica ao filme, favoráveis e desfavoráveis. Mas, graças ao elenco cheio de astros e estrelas, *Trapaça* foi um grande sucesso, faturando mais de 250 milhões de dólares no mundo inteiro, além de vários prêmios de prestígio, incluindo dez indicações ao Oscar. Embora não tenha vencido em nenhuma categoria, foi um passo profissional que fez Jennifer subir de nível no interesse do público e da mídia.

CAPÍTULO CINCO

MANTENDO OS PÉS NO CHÃO

Um dos motivos da popularidade de Jennifer é o fato de ela sempre conseguir tempo para sua legião de fãs dedicados e raramente recusar pedidos de selfies e autógrafos. Apesar disso, ela já admitiu que às vezes é muito mais fácil ser discreta e viajar anonimamente do que tentar lidar com as multidões que a cercam em todos os lugares. "Tenho pesadelos constantes nos quais estou andando por um shopping, as pessoas começam a me cercar e não tenho para onde fugir", revelou ao *Daily Mirror*. "Então, às vezes é mais fácil ligar para um dos meus amigos e pedir para alguém comprar umas bananas para mim."

Ela foi avisada que o assédio seria intenso quando concordou em interpretar Katniss, mas ainda acha difícil lidar tanto com as exigências dos fotógrafos quanto dos fãs que surgem aos montes sempre que ela aparece em público. "O dia da estreia do primeiro *Jogos Vorazes* foi meio bizarro para mim, porque eu não era famosa 24 horas antes", relembrou. "Eu levantei para ir ao mercado e de repente tinha uns 25 paparazzi me seguindo e houve um engavetamento com três carros. Fiquei muito assustada, fui para casa e me tranquei lá. Aí a campainha tocou e todos os meus amigos apareceram com vinho, vodca e tudo do que eu precisava. Nós assistimos à TV e tivemos um dia normal, então, foi ótimo. Mas é importante manter os pés no chão, não sei. Estou descobrindo ainda. Ou tentando."

Se dependesse dela, Jennifer evitaria totalmente os holofotes, mas a atriz é sensata o bastante para entender que aparições em programas de entrevistas, estreias, premiações e até em campanhas publicitárias são, na verdade, parte crucial do trabalho, e os contratos multimilionários exigem que ela atue na divulgação de cada novo filme após o lançamento. Além disso, Jennifer costuma ter direito a uma fatia dos lucros, então é do interesse dela garantir que os filmes tenham um bom desempenho na bilheteria.

Apesar de tudo isso, Jennifer não chega a esconder o quanto detesta dar entrevistas, seja no tapete vermelho ou na televisão. "Sempre tive uma ideia muito clara do caminho que eu queria seguir, que era atuar, só atuar", explicou. "Obviamente o contrato exige que eu tenha presença na mídia para promover o meu trabalho, mas se eu tivesse escolha, vocês só me veriam nos filmes."

Ela também revelou o quanto se sentia oprimida pela fama repentina quando encontrou o diretor do primeiro filme de *Jogos Vorazes*, Gary Ross, em um evento: "Ele me perguntou como era a experiência", contou ela ao *MTV News*. "E eu meio que me abri e disse: 'Eu me sinto como uma boneca de pano. Maquiadores e cabeleireiros vêm a minha casa todos os dias para me colocar em vestidos novos, desconfortáveis e esquisitos e sapatos caros. Eu simplesmente me desligava, levantava os braços para que eles pusessem o vestido e fazia biquinho quando precisavam colocar o batom.' Aí nós dois começamos a rir porque a vida para Katniss na Capital era exatamente assim. Ela era uma garota que ficou famosa de repente. Sei como é ter essa agitação toda ao seu redor e pensar: 'Ah, não, meu lugar não é aqui.'"

De acordo com o avô orgulhoso, Colin Koch, Jennifer não é muito fã de todo o assédio que recebe diariamente quando sai de casa. "Jennifer não gosta da badalação", explicou ele. "Parece que adora fazer entrevistas na TV, mas é apenas uma ótima atriz."

Segundo Colin, a neta não perdeu a personalidade divertida com a fama: "Ela não mudou nadinha, continua humilde e pé no chão."

Francis Lawrence, que dirigiu Jennifer em três dos filmes de *Jogos Vorazes*, também ficou surpreso por sua protagonista ter conseguido se manter tão centrada apesar de toda a atenção que recebe: "Ela é exatamente a mesma garota que conheci quando assinamos o contrato, mas o mundo ao redor dela mudou, ficou mais louco e feroz. Eu vi a situação ficar cada vez mais difícil para ela, o que é triste, mas Jennifer é realmente uma menina especial."

Contudo, a própria Jennifer se sente um pouco diferente hoje em dia: "É difícil não mudar quando o mundo inteiro ao seu redor está mudando. A parte difícil e inevitável do meu trabalho é perder muita privacidade e controle sobre aspectos da própria vida que, em nome da decência humana, você deveria controlar."

Infelizmente, como resultado da natureza intensamente pessoal do assédio da mídia desde que ela alcançou a fama, Jennifer passou a confiar menos nas pessoas. Ela ficou particularmente magoada quando foi comprar um buldogue francês em outubro de 2014. De acordo com o *E! News*, embora tenha se dado bem com o vendedor e eles tivessem amigos em comum, ela ficou enojada quando descobriu que ele tinha tirado fotos dela para vender depois. "Não percebi que ele estava tirando fotos minhas com o telefone, e que depois as vendeu pela Internet", explicou ela. "Não quero ser obrigada a questionar toda pessoa que entra na minha vida, mas tenho motivos para isso. Não quero mudar, mas as pessoas precisam parar de ser tão babacas."

Apesar de lidar com algumas traições pelo caminho, Jennifer insiste que, por trás de todo o luxo e glamour, ela ainda é a mesma garota simples do Kentucky: "Tenho noção das coisas porque não cresci nesse ambiente", explicou ela à revista alemã *TV Movie*. "Só fiz sucesso há alguns anos, tenho plena consciência do mundo real e sei quanto custa um sofá. Tenho as mesmas preocupações de todos. Outro dia mesmo eu comprei Tupperware! Simplesmente não consigo entender por que as pessoas ficam subitamente nervosas quando as portas do elevador se abrem e elas veem o meu rosto", suspirou a atriz. "Oi, sou só eu!" (Embora a própria Jennifer já tenha se mostrado excessivamente empolgada ao conhecer seus ídolos na dramaturgia!)

Apesar de ser uma megaestrela que recebe milhões a cada filme, Jennifer ainda tenta viver uma vida modesta apesar da imensa conta bancária. Ela adora uma pechincha e se recusa a pagar caro demais por qualquer produto, mesmo tendo dinheiro de sobra.

"Fico com raiva quando colocam preços altíssimos em móveis ou roupas", reclamou ela. "Uma camisa por 150 dólares? Não, obrigada!

"Mas às vezes eu voo de jatinho particular para que ninguém saiba onde estou. Amo o meu trabalho e sei que tenho sorte, mas os paparazzi estão em toda parte. É uma sensação horrível. Não posso cometer nenhum erro. Percebi que independente do que eu faça, em qualquer nível, perco uma parte da minha privacidade. Para cada foto 'cotidiana' publicada, eu geralmente passo três horas fazendo um jogo de gato e rato com os fotógrafos."

Ela admite que a maior desvantagem de todos os elogios, dinheiro, prêmios e atenção que vem recebendo nos últimos anos é a constante perseguição pela implacável horda de paparazzi que acampa em frente à casa ou ao hotel onde ela está, esperando que a atriz faça algo.

"Eu sabia que os paparazzi seriam uma realidade na minha vida", disse ela. "Mas não sabia que sentiria ansiedade toda vez que abrisse a porta de casa, que seria caçada por dez desconhecidos ou que seria cercada. Além de ser invasivo, isso me assusta e faz a minha adrenalina subir todos os dias."

Em 2012, ela manifestou o desejo de sair de Los Angeles devido ao assédio da imprensa e por ser perseguida sempre que saía de casa. "Não consigo mais viver em Los Angeles", reclamou ela à revista *W*. "Não entendo como atores conseguem. Você não tem vida aqui. Eles te seguem em todos os lugares. Não é assim em outras partes do mundo. Não quero ficar em L.A. e começar a pensar que isso é a realidade, porque está longe de ser normal. Mas eu ainda amo fazer cinema. Vou continuar amando fazer filmes, independente de morar no Kentucky, em Praga ou qualquer outro lugar", acrescentou ela, que acabou comprando uma mansão e fixando raízes em Los Angeles, pois viver na região é essencial para uma atriz do seu nível.

Em outra entrevista à *Entertainment Weekly*, em 2013, ela continuou a debochar dos que levam a indústria do cinema muito a sério: "Estou muito ciente de toda essa palhaçada que cerca Hollywood, onde todo mundo se acha melhor que os outros e pensa que vai curar o câncer. Fico muito incomodada sempre que vejo esse comportamento."

Ela também disse à *Vanity Fair* o quanto a indústria do cinema era ridícula para quem estava de fora. "Não quero parecer mal-educada, mas [atuar] é idiota. Todo mundo pergunta: 'Como você consegue manter a cabeça no lugar?' E eu respondo: 'Por que eu ficaria arrogante? Não estou salvando a vida de ninguém. Existem médicos que salvam vidas e bombeiros que entram em prédios em chamas. Estou fazendo filmes. É idiota.' Eu pensava: 'Deus, vou ser a pessoa que todos odeiam,' porque meu trabalho é 'Oi, olha eu aqui' o tempo todo."

Apesar da exposição constante, Jennifer continua sendo aquela garota do interior e mantendo os pés no chão, além de ter uma capacidade incrível de analisar e ser objetiva em relação ao seu modo de vida extremamente incomum.

Em 2012, quando a revista *Glamour* perguntou como ela lidava com a fama, Jennifer admitiu que às vezes pode ser avassalador e estranho: "Sinto que estou no olho do furação. Só recentemente comecei a achar que estava ficando louca e imagino que seja a minha ansiedade em relação ao filme.

"É algo meio: 'Estou só limpando a maçaneta da geladeira. O filme não vai sair. Vou limpá-la até ficar brilhando e a minha vida não vai mudar.' É aterrorizante. Sinto que tenho uma passagem para outro planeta, que estou indo para lá sem passagem de volta e não sei se vou gostar desse outro planeta ou ter amigos lá. É assustador."

Em outra entrevista para o *New York Times*, ela acrescentou: "É avassalador a ponto de eu chorar no meu carro, mas não a ponto de não querer mais fazer o que faço."

Apesar disso, Jennifer é incrivelmente equilibrada em relação às desvantagens do trabalho e não espera qualquer tipo de piedade por suas reclamações. Ela chegou a falar várias vezes que entende perfeitamente o fato de pessoas de fora da indústria do cinema não terem compaixão quando estrelas reclamam da invasão de privacidade. "Você pode dizer: 'Isso faz parte do meu trabalho e será algo normal em minha vida', mas o que você não sabe é como o seu corpo e suas emoções reagirão a isso. Ninguém quer ajudar, pois pensam algo como: 'Calem a boca, seus milionários!'"

Jennifer certamente não espera qualquer tipo de compaixão devido à natureza do seu trabalho e certa vez disse à *Entertainment Weekly*: "Quando conheço alguém que realmente faz algo para ajudar outra pessoa, como um médico ou até consultor financeiro, fico impressionada. 'Você sabe matemática? Isso é incrível!'"

Mesmo sabendo que o assédio da imprensa faz parte do trabalho, quando Jennifer fez check-in em um hotel em 2014, abriu a janela e encontrou "uma equipe de paparazzi" na calçada fazendo fotos do quarto, ela ficou horrorizada. Ao reclamar com a gerência do hotel, ouviu que os fotógrafos não poderiam ser retirados porque tecnicamente estavam em pé em um espaço público e tinham permissão para ficar onde estavam.

Ela se sente tão incomodada com as brechas na lei que permitem esse nível de invasão que está determinada a mudar o sistema enquanto pode e planeja transformar isso em uma espécie de cruzada: "Se essas leis serão feitas para proteger a imprensa, os paparazzi e as notícias, novas medidas precisam ser tomadas, pois esse é um fenômeno totalmente novo. É algo que não existia há duzentos anos. Vou lutar muito para mudar essa situação e espero que mude antes de eu morrer. Quero fazer com que seja ilegal comprar, publicar ou vender uma foto obtida ilegalmente. Fotógrafos pulam a minha cerca. Se alguém pula a minha cerca e faz uma foto pela minha janela e eu estou nua dentro de casa, é ilegal, mas as fotos podem aparecer em toda parte no dia seguinte, e isso não faz sentido!"

Além de enfrentar fotógrafos persistentes, Jennifer também tem fãs muito dedicados que a seguem pelo mundo e esperam horas só para vê-la.

Ela sente a pressão de ser observada o tempo todo, mas lida com o problema de um jeito bem prosaico: "Tenho que aceitar isso. Eu entendo os fãs mais jovens porque também era assim, mas os encontros cotidianos com pessoas que não sabem realmente como agir são estranhos. Eu não me sinto diferente, mas, quando as portas do elevador se abrem e todos se espantam, é muito estranho. Adoro meu trabalho, mas ele tem suas próprias dificuldades. Apesar disso, é uma vida muito, muito abençoada."

Jennifer gosta de conhecer seus fãs verdadeiros, especialmente quando sabe que esperaram muito tempo para vê-la. Mesmo assim, ela foi obrigada a fugir de uma sessão de autógrafos em Nova York quando os fãs, na ânsia de chegar mais perto, derrubaram uma barreira na frente dela. A atriz também deixou de cumprimentar multidões e dar autógrafos em frente ao Ed Sullivan Theater em Nova York após as entrevistas no *Late Show with David Letterman* em novembro de 2014. Nesse dia, o tempo que ela passou fora do teatro foi substancialmente reduzido após uma barreira que segurava a multidão ter caído, levando a equipe de seguranças a levar a atriz para longe. Imagens publicadas na Internet mostravam Jennifer correndo para um carro que a esperava, ao lado de guarda-costas corpulentos.

Felizmente, isso não a impediu de aparecer no programa, e ela voltou alguns meses depois, embora não estivesse se sentido bem. Jennifer contou ao público que estava sofrendo com vários problemas gastrointestinais e reclamou que estava com frio, tremendo e suando: "Você já sentiu tanto frio que começou a suar? Ou isso é só um problema nojento que eu tenho?"

Letterman respondeu: "Não sabia que o corpo humano conseguia se comportar dessa forma" e pediu a um assistente para trazer um cobertor. Em seguida, o apresentador se aninhou com a atriz embaixo de um imenso edredom rosa florido. Enquanto cobria a cabeça dos dois, o apresentador comentou: "Eles ainda estão aí? Queria que fossem embora."

A entrevista chegou às manchetes após Jennifer inesperadamente admitir ter sujado as calças na frente de Woody Harrelson, seu colega de cena em *Jogos Vorazes*. Quando falava sobre as fortes dores no estômago que sentia e o medo de ter uma úlcera, ela disparou: "Você precisa cagar nas calças um determinado número de vezes antes de ir para o pronto-socorro."

Vendo o apresentador claramente horrorizado com a confissão, ela acrescentou: "Acho que era óbvio desde quando você me conheceu que sou totalmente surtada e maluca."

A essa altura da carreira, Jennifer já estava ficando bem conhecida por suas gafes e comentários desconcertantes. Pouco tempo depois de ser apresentada ao ex-presidente dos EUA, Bill Clinton, e chamá-lo de Gill por engano, ela admitiu que estava lendo o teleprompter e pensou que estava fazendo um ótimo trabalho.

Em uma entrevista para o programa do Conan O'Brien, Jennifer admitiu que se não fosse atriz seria camareira de hotel, pois adora limpar e remexer nas coisas dos outros: "Sou uma grande bisbilhoteira", confessou, acrescentando que tira fotos de sabonetes chiques nas lojas.

Quando Conan perguntou se ela temia que alguém bisbilhotasse os pertences dela em hotéis, Jennifer revelou que, de brincadeira, uma amiga lhe presenteou com "um montão de plugues anais". Ela escondeu tudo embaixo da cama do hotel, mas quando voltou, viu que a camareira tinha encontrado e colocado todos arrumados no quarto. "Quis deixar um bilhete dizendo que não eram meus", comentou rindo.

Jennifer admitiu que costuma falar demais nas entrevistas porque não tem medo de expressar suas verdadeiras opiniões.

No *Jimmy Kimmel Live*, ela impressionou a plateia ao contar uma história sobre os próprios seios: "Fui ao médico hoje. Fiz uma radiografia de tórax para ver meus pulmões e descobri que meus seios são tortos. Eu estava lá em pé com esses médicos que olhavam os meus pulmões e o clima estava tenso, então, perguntei: 'Os meus seios são tortos?' Eles ficaram sem jeito e incomodados, claro. Eu pensei: 'Bom, vou sair dessa repetindo a pergunta' Aí ele falou algo como: 'Tudo bem, nosso radiologista vai falar com você depois sobre os seus pulmões.' Eu insisti: 'E os meios seios?' Ele encerrou com: 'Bom, tchau.'"

Apesar disso, Jennifer raramente se arrepende de contar suas histórias, não importa o quão pessoais ou constrangedoras elas sejam. "Se você está conversando com alguém, não vai querer ser lembrada como a garota dos peitos", explicou ela ao *Telegraph*. "Você quer que eles prestem atenção ao que você está dizendo."

Ela revelou à revista *Interview*: "Peguei uma edição da *Cosmopolitan* outro dia com dicas para entrevistas de emprego porque eu pensei: 'Preciso me sair melhor nas entrevistas.' O artigo basicamente explicava como fazer a pessoa não odiar você em vinte minutos. Tudo o que eles recomendavam evitar eu pensava: 'Faço isso todos os dias.'"

Como ela mostrou ao fazer o comentário mal-interpretado sobre derrotar Meryl Streep, Jennifer fica tão impressionada diante dos famosos quanto nós. Ela ficou envergonhada demais até para olhar para o astro de *Homeland,* Damian Lewis, quando o encontrou em um tapete vermelho e só conseguiu dar risadinhas depois que foram apresentados.

A atriz também admitiu ter seguido o galã John Stamos em uma festa, "como um cara pervertido, olhando a bunda dele."

Durante as gravações de *X-Men: Dias de um futuro esquecido*, Jennifer ficou empolgada ao conhecer outro ídolo. Por ser uma grande fã de *Game of Thrones*, ela surtou ao encontrar Peter Dinklage. Ela disse à revista *Empire* que era louca pelo personagem dele, Tyrion Lannister, então, ao vê-lo ela quis cair de joelhos e tratá-lo com a mesma reverência que fazem no seriado.

E todos no set estavam tão empolgados quanto ela, especialmente quando Dinklage passou falando em seu celular e, segundo Jennifer, todos comentaram: "Ai meu Deus, Tyrion Lannister está falando em um celular!"

Para a *Vanity Fair*, ela revelou que, embora possa parecer estranho, era "apaixonada" pelo astro de 67 anos de *Segura a onda* e um dos criadores de

Seinfield, Larry David: "Sou apaixonada por ele há muito tempo. Eu venero Woody Allen, mas não sinto isso lá embaixo do mesmo jeito que sinto pelo Larry David", confessou.

O humorista respondeu, dizendo a David Remnick no Festival da *New Yorker* que se sentia "lisonjeado" por esta paixão surpreendente. "É uma pena que sou uns quarenta anos mais velho que ela", comentou.

"Talvez ela esteja se referindo aos joelhos [quando falou em lá embaixo]", brincou David. "Acho que não seria capaz disso. Por um lado é muito baita elogio e, por outro, é meio que uma pena em termos de diferença de idade, mas eu me divertiria assistindo a um reality show disso", acrescentou ele.

A atriz Rosie Perez também deu sua opinião, dizendo que entendia a paixão inesperada de Jennifer pelo comediante. "Ele é esquisito, estranho, irritável, ele é tudo isso e eu o amo", declarou Rosie antes de acrescentar que ficou chocada ao saber da frase de Jennifer. "Desculpe, Larry, mas quando ouvi isso pela primeira vez, pensei: 'Está brincando? Sério? Qual é, você já olhou para ele?' E agora que estou trabalhando com ele, tenho essas mesmas sensações que a Jennifer Lawrence. Dá para entender, pois ele é um homem que sabe quem é. Isso é algo poderoso, atraente, além disso ele é engraçado e inteligente. E sei que vai me odiar por dizer isso, mas ele é um fofo. Larry é doce, gentil e generoso, mas não quer que ninguém saiba disso."

Jennifer também disse à *Vanity Fair* que ficou supernervosa quando conheceu o casal mais poderoso do pop, o rapper Jay-Z e a cantora Beyoncé, porque gosta muito dos dois: "Meu primeiro CD foi do Destiny's Child", contou ela. "Conheci o Jay-Z e fiquei muito envergonhada porque dava para ver meus joelhos tremendo. Ele perguntou: 'Você está bem?' Respondi: 'Sim, claro, tchau.' Eles são o rei e a rainha dos EUA, ou da música. E Brad e Angelina são o rei e a rainha dos filmes, acho. Tenho que parar de conhecer pessoas de quem eu realmente gosto porque sempre faço papel de boba. Tem tanta gente que não conheci ainda. Vi Bill Murray uma vez e pensei: 'Não consigo nem chegar perto dele.'"

Ela já mencionou vários outros atores por quem era apaixonadinha, mas quando perguntaram quem ela admirava mais, foi difícil limitar a lista: "Quando era mais nova, vi *A última sessão de cinema* e era Jeff Bridges, mas depois teve também Kirk Cameron de *Tudo em família* e os irmãos Lawrence [Joey, Matthew e Andrew]."

Jennifer não é fã só de atores. Ela mandou uma mensagem imensa para Taylor Swift após a apresentação dela no Country Music Awards de 2013.

Além disso, ela é fanática por reality shows: "Talvez o meu favorito seja *Dance Moms*, mas eu também amo *Real Housewives*. Ainda tem *Doomsday Preppers*, e *Acumuladores* é legal. Fica meio chato depois de um tempo, mas é ótimo. E adoro *Intervention, New York Housewives* e suas versões de Beverly Hills, New Jersey e Atlanta. Quer dizer, adoro todos eles, mas o de Miami, meu Deus! O de Miami é demais."

Em uma entrevista ao apresentador Jay Leno, Jennifer contou ter batido o carro quando gravava na Geórgia porque pensou ter visto Honey Boo Boo, a estrela do programa de concurso de beleza infantil. Ela passou por um evento de rua sobre o câncer de mama e pensou ter lido o nome Boo Boo pintado em um carros e ficou tão empolgada por ver Alana "Honey Boo Boo" Thompson, estrela de *Toddlers and Tiaras*, que acabou batendo na traseira do carro da frente.

No fim das contas, o nome escrito no carro alegórico era "Boobs" ("peitos" em inglês).

Jennifer também fez a confissão um tanto surpreendente de que nas horas vagas gosta de assistir ao famoso programa do canal *E! Keeping Up with the Kardashians*: "Eu estava vendo uma das Kardashian se divorciar e isso é uma tragédia para qualquer pessoa", solidarizou-se ela em uma conversa com a *Parade*.

"As Kardashians acabaram de voltar da Tailândia, foi um evento e tanto", explicou ela em outra entrevista. "Estou me atualizando em todos os episódios de *Real Housewives of Beverly Hills*. Elas ficaram muito mais loucas. Achei que não tinha como derrotar o de Atlanta ou Nova Jersey. Estou tentando me atualizar em toda a fofoca inútil que acontece em Hollywood. Para ser sincera, não saio muito de casa. Tenho que achar uma vida que não seja trabalho, mas sou péssima em tudo. Não sou boa em mais nada!"

De tanto se dedicar ao programa, Jennifer virou uma grande fã da estrela de reality shows Kim Kardashian, e esta contou ao *E!* o quanto a atriz ficou empolgada quando elas se conheceram: "Eu estava em Nova York e esbarrei com Jennifer Lawrence. Nós nos cumprimentamos e entramos no elevador, e, enquanto as portas se fechavam, ela gritou do meio do saguão: 'Amo o seu programa!' Nós rimos muito."

O apreço parece ser mútuo, pois quando perguntaram à meia-irmã de Kim, Kendall Jenner, quem ela gostaria de ver interpretando seu papel em um filme sobre a famosa família, a resposta foi: "Jennifer Lawrence, porque sou obcecada por ela e a considero a pessoa mais engraçada da Terra."

Jennifer nunca escondeu o amor pelos reality shows e disse à *Marie Claire South Africa* que cai na tentação e faz maratonas quando tem tempo: "Depois das onze eu penso 'Esses garotos não se cansam?' Quando saio, fico pensando no meu sofá. Tipo, 'Seria incrível estar nele agora. Aposto que tem um episódio de *Dance Moms* passando. Será que estou perdendo algum episódio novo de *Keeping Up with the Kardashians*? Não suporto a ideia de perder um episódio. Assistir a reality shows é o meu momento de alegria. No fim das contas, provavelmente não há nada que me faça mais feliz do que comer besteiras e ver reality shows. A *MTV* às vezes passa três, quatro horas seguidas e aí isso vira o compromisso da manhã. Eu cancelo a merda toda para assistir."

E Jennifer não é a única atriz séria e premiada com um Oscar a admitir um vício em programas toscos de TV. Em 2015, ela entrevistou o ator de *A teoria de tudo*, Eddie Redmayne, para a revista *Interview*, perguntou sobre seus programas favoritos e descobriu que eles têm muito em comum: "Depois de fingir que sei astronomia e física o dia inteiro, chego a casa e ligo no *The Real Housewives*", confessou ele para Jennifer.

"Tenho uma paixão secreta por reality shows de mentirinha desde *The Hills*. É tenso."

"Acho que vou chorar", respondeu ela. "Estamos dando um passo importante aqui."

Em seguida Jennifer contou a Eddie sobre a visita que fez ao restaurante de Lisa Vanderpump, estrela de *Real Housewives of Beverly Hills* chamado Pump. "Fui ao Pump outro dia conhecer Lisa Vanderpump. Ela autografou uma garrafa de vodca e, quando a amiga que estava comigo no Oscar ganhou a garrafa de presente, comemorou: 'Jennifer, isso é muito melhor que o Oscar!' Tiramos muitas fotos com ela."

Fã assumida de *Housewives*, Jennifer visitou o restaurante de Los Angeles sem avisar e, de acordo com uma fonte não identificada, não tinha reserva.

"Quando Lisa descobriu que Jennifer estava sentada [anonimamente] do lado de fora do restaurante, no pátio, ela gentilmente cedeu a própria mesa e as cadeiras cor de rosa no centro do jardim para Jennifer e as amigas, e olha que o jantar dela tinha acabado de chegar", disse a fonte à *Us Weekly*.

"O grupo inteiro ficou em êxtase porque são todos fãs de *RHOBH*", acrescentou o informante. "Lisa presenteou o grupo com garrafas de sua sangria e vodca LVP e até autografou uma garrafa para a amiga de Jeniffer." Todas tiraram fotos com Lisa, o marido Ken e o famoso cachorro Giggy, escrevendo "Time da Lisa". Outra fonte disse à *Us Weekly* que a vencedora do Oscar bebeu drinques Pumptini a noite inteira.

E embora tenha milhões de fãs, Jennifer tenta não deixar o constante fluxo de elogios, bajulação e notoriedade subir à cabeça: "Não chego a absorver nada disso porque não acho que seria bom para mim", disse ela. "Amo atuar, então eu apareço para trabalhar, faço filmes, tenho que promovê-los e depois vou para casa. É isso."

A adulação chega de várias formas. Enquanto a personagem de *Jogos Vorazes* Katniss Everdeen sobreviveu duas vezes ao terror da perigosa arena em Panem, Jennifer precisou enfrentar infinitas selfies com fãs fervorosos. E isso não ocorre só com a Jennifer real. A versão em cera da atriz vem sendo bombardeada com pedidos de fotos desde sua inauguração no famoso Museu de Cera Madame Tussauds, em Londres.

A estátua de cera em tamanho real de Jennifer Lawrence fantasiada como a filha mais famosa do Distrito 12 chegou a tempo de coincidir com a estreia do terceiro filme de *Jogos Vorazes: A esperança — Parte 1*, nos cinemas do Reino Unido em novembro de 2014. A peça foi criada em parceira com o estúdio responsável pela bem-sucedida saga de ficção científica.

"Estamos bastante empolgados por ter trabalhado com a Lionsgate para lançar uma estátua de cera da Katniss junto com *Jogos Vorazes: A esperança — Parte 1*," disse um porta-voz do museu Madame Tussauds. "A estátua fica em um ambiente específico para o filme, permitindo que nossos visitantes se aproximem de Katniss e da adorada história de *Jogos Vorazes*."

Usando a roupa de *Jogos Vorazes: Em chamas*, com direito a arco e aljava, Katniss foi um dos recentes ícones incluídos no repertório de Madame Tussauds. A estátua de cera de Benedict Cumberbatch fora lançada um mês antes. Espera-se que outras estátuas de Jennifer como Everdeen sejam inauguradas nos museus Madame Tussauds de Nova York e Los Angeles.

A personagem ficcional altamente popular interpretada por ela inspirou muitos atos extremos de devoção. Um deles já foi uma mulher que ganhou medalha de ouro em uma competição nacional de culinária com um bolo em tamanho real da Jennifer Lawrence. Lara Clarke, de Walsall, conquistou o prêmio do Cake International com sua criação de 1,78 metro de altura. A senhora Clark já havia vencido o concurso antes com um bolo em tamanho real do Johnny Depp que virou notícia pelo mundo.

Ela considerou "incrivelmente empolgante" a segunda vitória consecutiva.

A senhora Clarke passou dois meses e meio trabalhando nos bolos antes da competição no National Exhibition Center de Birmingham. A obra foi feita com 150 ovos, dez quilos de farinha e dez quilos de manteiga.

Quando lhe perguntaram qual seria a ideia para o ano seguinte, Clarke respondeu que precisaria de "um longo descanso" antes de decidir.

A essa altura, Jennifer já estava começando a se acostumar às homenagens mais incomuns feitas pela sua legião de fãs fiéis. Em abril de 2015 um artista chamado Mateo Blanco fez um retrato singular da atriz com 9.658 amendoins. Encomendada pela Ripley Entertainment Corp de Orlando, Flórida, a obra de arte mede 1,40 x 1,40 metro e levou quatrocentas horas para ser terminada.

"Adoro amendoins, então, assim que comecei o trabalho eu comia três ou quatro para cada um que colocava no retrato," explicou Blanco.

O pessoal do Ripley deu a ele duas instruções: que a imagem representasse alguém de Kentucky e fosse relacionada a beisebol. Jennifer é de Louisville e o amendoim é um petisco popular durante os jogos de beisebol.

Blanco colou a obra, amendoim, por amendoim, em placas de madeira. O produto final foi mostrado na exposição sobre beisebol do museu Louisville Slugger e era esperado que o retrato fizesse uma turnê por vários estádios de beisebol do mundo para promover a exposição.

"Mateo e sua arte são incríveis", definiu Edward Mauer, vice-presidente de exposições e arquivos do Ripley. "Eu realmente não fazia ideia do que ele poderia criar para atender ao nosso critério de usar algo associado a beisebol. O resultado final é uma das peças mais originais da nossa vasta e incrível coleção de arte."

O retrato de Jennifer em amendoim foi a décima obra de Blanco para o Ripley. As obras anteriores, também inusitadas e maravilhosas, foram feitas com pelos de cachorro, açúcar e bolas de algodão.

Enquanto isso, um artista californiano chamado Noel Cruz também ganhou os holofotes com uma boneca personalizada de Katniss Everdeen que custava 2.500 dólares no eBay.

Conhecido por transformar bonecas produzidas em massa em criações únicas e realistas, ele contou ter passado quase três dias seguidos trabalhando especificamente nesta obra. "Foi um desafio extremamente cansativo", contou ele ao *Daily News*.

Para modificar a boneca Mattel original, Cruz precisou reduzir o cabelo antes de trabalhar no rosto, tirar a tinta para conseguir mudar o formato dos olhos e acrescentar outros detalhes com um pequeno pincel.

O produto final recebeu dezoito lances após ser divulgado no eBay.

Embora a versão de Katniss tenha sido vendida por uma boa quantia, estava longe de ser a obra mais cara dele. Um colecionador já chegou a pagar 5.100 dólares por uma boneca modificada da estrela de *As panteras*, Kate Jackson. E Cruz prometeu fazer mais bonecas de Jennifer.

"Estou pensando em encomendar a roupa a outra pessoa", revelou. "Talvez eu faça uma Katniss com o vestido de casamento de *Em chamas*. Não quero decepcionar os fãs", continuou ele, acrescentando que um colecionador do Reino Unido deu o lance vencedor na boneca.

Outro artista, David Lopera, criou um retrato em tamanho real e editado digitalmente de Jennifer que viralizou e virou manchete em fevereiro de 2015, quando o autor insistiu que a atriz, como todas as suas musas, ficava melhor gordinha.

Ele vende imagens alteradas de estrelas como Katy Perry, Mila Kunis e até da princesa Elsa de *Frozen: Uma aventura congelante* para homens que preferem mulheres mais rechonchudas. "Eles sempre me escrevem perguntando se posso deixar as celebridades por quem são apaixonados um pouco mais gordinhas", revelou o artista de Menorca. "Jennifer Lawrence e Kim Kardashian são alguns dos pedidos que mais recebo. Elas ficam muito melhores quando estão acima do peso", acrescentou ele. "Observe as minhas fotos e você verá que é lindo ser um pouco maior. A Mila Kunis, por exemplo, fica muito mais sexy com coxas grossas e uma barriguinha."

O artista brinca com Photoshop desde os tempos de faculdade, mas só começou a seguir essa forma incomum de ganhar dinheiro após a imagem alterada de Katy Perry viralizar em 2014.

Lopera explica: "Amo a Katy Perry, mas ela ficaria muito mais sexy com alguns quilinhos a mais. Então, para o meu bel prazer, manipulei a capa do primeiro álbum para deixá-la mais rechonchuda. Coloquei na Internet e pouco tempo depois recebi várias mensagens de homens pedindo para usar o Photoshop em outras estrelas para deixá-las mais gordinhas."

Técnico de TI durante o dia, ele vem recebendo mais de duzentos pedidos de homens e mulheres do mundo inteiro desde então. As obras demoram vários dias para ficar prontas.

"Cada manipulação demanda alguns dias, mas houve ocasiões em que passei a semana toda fazendo apenas uma", comentou. Às vezes a demora na produção acontece porque os clientes têm ideias bem específicas sobre como querem o resultado final.

"Sei que eles querem ver seus ídolos gordinhos, mas de maneira realista. Alguns até têm uma ideia do quanto elas devem pesar. Não paro até que pareçam perfeitamente gordas", explicou.

Outros atos extremos de adoração a Jennifer incluíram o do maquiador Paolo Ballesteros, que conseguiu se transformar e ficar incrivelmente parecido com a atriz usando apenas delineador e a técnica de contorno facial. Após acrescentar uma peruca, Ballesteros ficou idêntico à atriz.

Ele disse que basicamente desenhou um retrato de Jennifer em seu rosto e deu certo (aparentemente o nariz é sempre a parte mais difícil). Em uma entrevista ao *Huffington Post*, Ballesteros deu mais detalhes: "Meu nariz é menor e mais curto [que o da maioria das celebridades]. Levou um tempo para descobrir como resolver isso. Desenhando novas narinas, posso deixá-lo mais pontudo ou maior."

O maquiador ganhou fama graças às imitações de Kim Kardashian, Angelina Jolie e Michelle Obama e virou um grande astro de TV nas Filipinas.

Felizmente, Jennifer não se importa e aceita tudo com tranquilidade, acostumando-se a todo tipo de elogios inusitados. No Dia Nacional da Cerveja, feriado não oficial nos EUA que acontece em abril de 2015, ela liderou a lista de mulheres famosas com quem as pessoas mais gostariam de dividir uma cerveja. A pesquisa, que recebeu mais de 77.600 votos, pediu que os votantes não se concentrassem na aparência, e considerassem vários critérios ao escolher suas celebridades favoritas, como as que teriam o melhor papo, mais carisma, gostos em comum com o votante, personalidade mais descontraída, além de ser mais pé no chão e melhor colega de copo.

Jennifer é bastante conhecida por ser capaz de rir de si mesma e certamente não leva pesquisas e homenagens bizarras muito a sério, mas admitiu as desvantagens de lidar com um grupo de fãs tão ardoroso e dedicado: "Fazer contato pessoal e sorrir para todos costuma ser bem tranquilo para mim, mas agora só consigo olhar para baixo. Quando estou jantando e sou interrompida por várias pessoas com pedidos para tirar fotos, penso 'Não dá para viver assim!'"

CAPÍTULO SEIS

GRANA, GRANA, GRANA

Assim como a fama aumentou consideravelmente quase da noite para o dia, o cachê de Jennifer também foi às alturas assim que a carreira no cinema começou a deslanchar em 2010. Ela recebeu o piso mínimo da categoria pelo filme de baixo orçamento *Inverno da alma* e, como o trabalho lhe rendeu uma indicação ao Oscar, muita gente criticou o valor relativamente modesto de quinhentos mil dólares que ela ganhou pelo primeiro filme de *Jogos Vorazes* em 2012, considerando que ele faturou mais de 691 milhões de dólares nas bilheterias. Após o sucesso desse primeiro filme, contudo, o exército de empresários e agentes de Jennifer conseguiu negociar o impressionante valor de dez milhões de dólares para a sequência.

Jennifer tinha conquistado um poder sem precedentes em Hollywood: os chefões dos estúdios brigavam por ela e sua equipe conseguiu dar as cartas. Ela nunca quis falar sobre dinheiro ou finanças, preferindo deixar isso para os especialistas que têm total ciência de quanto ela vale.

Desde que foi escolhida para interpretar Katniss Everdeen, Jennifer vem recebendo cachês altíssimos, pois todos os cinéfilos, críticos e especialistas da indústria concordam que ter o nome dela vinculado ao título de um filme é garantia de sucesso. Mas felizmente riqueza nunca teve muita importância para a atriz, que ficou conhecida por ser muito cuidadosa ao usar seu dinheiro. Agindo como os pais, ela gasta com sabedoria e sensatez, aplicando boa parte dos ganhos em vários esquemas lucrativos de investimento. Raramente Jennifer aparece esbanjando ou comprando por impulso, ao contrário de vários astros na mesma posição. Ela não se interessa por roupas de grife ou carros esportivos e prefere ir visitar a família quando tem os raros dias de folga em vez de tirar férias em resorts luxuosos.

Os pais da atriz tinham uma vida confortável, mas Gary e Karen trabalharam arduamente para ganhar dinheiro e nunca o desperdiçaram. Como resultado, Jennifer atribui à família tão presente o fato de ter os pés firmemente plantados no chão. "Fui criada para valorizar o dinheiro e respeitá-lo, mesmo tendo muito", explicou ela à revista *Fabulous* em 2014. "Minha família não me deixaria ficar arrogante ou algo do tipo, então, tenho muita sorte por tê-los ao meu lado."

Desde que passou a ganhar milhões, Jennifer se tornou conhecida por seus trabalhos filantrópicos e pelo esforço em apoiar uma série de causas justas sempre que podia. Recentemente, ela se juntou a campanhas para ajudar a acabar com o bullying, a pobreza e a fome, além de fazer doações para várias organizações filantrópicas que apoiam as artes.

Há também as causas que ela apoia por meio de sua própria organização de caridade, a Jennifer Lawrence Foundation, incluindo auxílio financeiro para a Community Foundation of Louisville, a DoSomething.org, a Feeding America, a Screen Actors Guild Foundation e a Thirst Project.

Em 2012, Jennifer protagonizou um comercial para a Bellewood Home for Children, agência sem fins lucrativos que desde 1849 cuida de jovens vítimas de abuso e abandono e que não têm lar em Kentucky. No vídeo, ela fala sobre o quanto a casa precisa de ajuda.

Junto com os colegas e produtores de *Jogos Vorazes*, ela se uniu ao World Food Program e à Feeding America para conscientizar a população sobre a fome no mundo. Jennifer, Josh Hutcherson e Liam Hemsworth fizeram um vídeo para divulgar o problema e estimular os espectadores a doar dinheiro para a causa.

Jennifer compareceu a uma pré-estreia de *Em chamas* para fãs de *Jogos Vorazes* na sua cidade natal de Louisville, com toda a renda dos ingressos (125 dólares cada) sendo destinada ao St Mary's Centre, organização que ajuda adolescentes e adultos com deficiência intelectual. O evento arrecadou mais de quarenta mil dólares para a causa, que é uma das favoritas da atriz. Ela repetiu o esquema de pré-estreia beneficente para *Jogos Vorazes: A esperança — Parte 1* em Louisville, desta vez em prol da Boys and Girls Clubs of Kentuckiana, organização que oferece um lugar seguro para que jovens passem o tempo fora do horário escolar.

Jennifer mencionou em uma entrevista que o contato próximo com um garoto que nasceu com síndrome de Down, o amigo de infância Andy Strunk, a inspirou a fazer algo e se envolver com organizações como o St Mary's Centre. Sobre Andy, ela diz: "Ele tem o coração mais gentil que já vi e é uma das pessoas mais divertidas que já conheci."

Além de ter se tornado embaixatriz da Chideo, rede de conteúdo beneficente para TV, Internet e outras mídias, Jennifer também aceitou criar conteúdo exclusivo para o canal, além de se unir ao colega Bradley Cooper para levar um vencedor e um acompanhante à estreia do filme mais recente deles, *Serena*. Para concorrer ao prêmio, os fãs precisavam fazer uma doação de dez dólares ou mais para as causas que preferissem.

Jennifer também gravou um vídeo beneficente dizendo que ficaria bem se pegasse ebola, a doença infecciosa e muitas vezes fatal que varreu a África Ocidental em 2014. A mensagem chocante foi feita para chamar a atenção do espectador. No filme, ela diz que, por ser norte-americana, teria a sorte de receber tratamento e estimula os compatriotas a pensarem mais nos africanos daquela região, que correm mais risco de se contaminarem e morrerem com o terrível vírus porque a cura não está disponível para eles.

A ganhadora do Oscar reencontrou os colegas de *Jogos Vorazes: A esperança — Parte 1* para fazer uma campanha de utilidade pública de dois minutos em prol do Ebola Survival Fund. O vídeo abre com várias imagens da cobertura jornalística da TV norte-americana sobre os casos de ebola ocorridos nos EUA. A campanha destaca que nenhum dos pacientes tratados nos hospitais norte-americanos morreu, enquanto em algumas partes da África Ocidental apenas dois em cada dez casos conseguem vencer a doença.

"Muitos deles não sobreviveram", diz Jennifer, seguida pelo colega Josh Hutcherson: "Eles estavam em desvantagem desde o começo. Na Libéria, existem cinquenta médicos para 4,4 milhões de pessoas." Ele olha para Jennifer e diz: "Eu sei o que aconteceria se você tivesse ebola."

“Eu ficaria bem”, responde ela solenemente.

Liam Hemsworth, Julianne Moore e Jeffrey Wright também apareceram no impactante vídeo, mas a mensagem principal é apresentada por Paul Farmer, professor de medicina em Harvard e um dos fundadores da Partners in Health, conhecido pelo trabalho para melhorar o atendimento médico em países pobres. Segundo ele, os pacientes de ebola na África Ocidental precisavam urgentemente de medicamentos intravenosos, eletrólitos, alimentos e “muito mais profissionais de medicina bem-treinados vindos da própria região”, acrescentando que “com atendimento médico de alta qualidade, a maioria das pessoas na África Ocidental sobreviverá ao ebola.”

Na mesma época, outro grupo de astros, incluindo Ben Affleck, Bono, Vincent Cassel, Matt Damon e Morgan Freeman, também se reuniu para fazer um vídeo sobre o ebola patrocinado pela ONE Campaign.

Além do trabalho beneficente, Jennifer confessou achar a recém-adquirida riqueza tão estranha que teve dificuldade para começar a usufruir dela e raramente parecia gastar mais do que o estritamente necessário. Até pouco tempo ela morava no mesmo apartamento de três quartos onde vivia desde que se mudou para Hollywood pela primeira vez e, embora pudesse facilmente ter comprado qualquer mansão que desejasse, demorou anos para que fosse convencida a se mudar para um lugar maior.

E, ao contrário da maioria das celebridades de primeiro escalão, ela não tem uma equipe imensa. Embora existam pessoas para gerenciar suas decisões profissionais e compromissos de trabalho, Jennifer não vê sentido em contratar uma equipe de assistentes pessoais para fazer compras em seu lugar e raramente aparece exibindo o cartão de crédito em lojas de grifes exclusivas só por gastar. Na verdade, ela diz que adora encontrar uma pechincha como qualquer pessoa e já foi vista comprando em liquidações.

“Eu ainda procuro as promoções quando vou ao mercado”, admitiu em uma entrevista. “O que estou fazendo agora é permitir que alguém estacione o meu carro, mas para isso eu preciso pagar quatro dólares.”

Por estar sempre na correria, atarefada, ela evidentemente usa o serviço de manobrista quando sai em Los Angeles, mas seu carro é econômico. Enquanto outros astros correm para gastar o cachê em exorbitantes Bentleys e Ferraris, Jennifer ainda tem o mesmo Volkswagen há anos, embora desde a conquista do Oscar de Melhor Atriz por *O lado bom da vida*, ela também tenha sido vista em um novo Chevy Volta. Com preço de 39 mil dólares, ainda é dez vezes mais barato que os supercarros que poderia comprar com facilidade, se quisesse.

A atriz já falou que não consegue se ver esbanjando dinheiro em compras desnecessárias. Ela se recusa a pagar os lanches superfaturados do minibar dos hotéis, por exemplo. Gastar com sensatez está tão arraigado em seu estilo de vida que ela acabou admitindo, meio envergonhada, que a aquisição de quinhentos dólares de Gummy Bears enquanto estava com Lenny Kravitz, o roqueiro vencedor de quatro Grammys e colega de elenco em *Jogos Vorazes* tinha sido acidental.

Porém, Jennifer é fiel às pessoas em quem ela sabe que pode confiar e é sempre muito generosa com os amigos íntimos. Conforme mencionado anteriormente, ela levou uma de suas melhores amigas, Laura Simpson, ao Oscar em 2013. Chegando lá, elas ficaram muito bêbadas e gritaram com Brad Pitt. "Brad Pitt e Angelina Jolie estavam a uns dois metros da minha mesa", explicou ela. "E isso muda você. O meu coração palpitava. Eles deviam ser o rei e a rainha dos EUA. Eu pagaria impostos para eles e nem pensaria duas vezes."

Jennifer ainda é amiga dos colegas de ensino médio em vez de fazer amizade com quem só quer ser visto ao seu lado porque agora ela é famosa. Ela chega a despachar quem tenta conhecê-la por ser celebridade. "Tenho alergia a esse tipo de coisa", disse ao *USA Today*. "Quando as pessoas tratam você diferente e você não se sente assim, você se sente estranho, distante. Dá para ver o jeito que me olham. Sei que se estivesse cercada de pessoas assim, eu mudaria. Prefiro pessoas que não mudam. É onde eu encontro a minha realidade."

Ela acha difícil sair com algumas garotas que conhece nas gravações e já falou: "Não confio em mulheres que não tenham amigas. Eu tenho amigas muito íntimas, mas são pessoas como eu: garotas que comem e não sabem nada de moda."

De acordo com o *E! News*, em 2014 Jennifer gastou pouco menos de três mil libras em um buldogue francês para a grande amiga Laura. De acordo com os relatos, Laura publicou uma série de imagens fofas do seu novo bichinho de estimação no Instagram após Jennifer ter encontrado o filhote pela Internet e as duas amigas terem ido buscá-lo na casa do vendedor na Califórnia, levando junto a cachorrinha de Jennifer, Pippi. Desde então, Laura publicou várias fotos do novo bichinho, batizado de Frankenstein, e até criou uma conta no Instagram só para ele.

E talvez Jennifer tenha sido mordida pela mosca do consumismo porque em novembro de 2014 ela finalmente achou algo que merecesse uma quantia significativa de dinheiro e comprou uma suntuosa casa no exclusivo subúrbio de Beverly Crest por 8,225 milhões de dólares. A casa de 510 metros quadrados construída em 1991 era propriedade da cantora e atriz Jessica Simpson, que a vendeu um ano depois para a namorada do bilionário Summer Redston, Sydney Holland.

Jessica esperava vender a casa por mais de oito milhões de dólares quando a anunciou em maio de 2013, mas acabou a vendendo para Holland por 6,4 milhões. A nova compradora não ficou na casa por muito tempo, mas foi esperta e teve um lucro razoável em apenas dezoito meses. A casa em estilo francês tem pé-direito alto, cozinha moderna, escritório, cinco quartos e seis banheiros. A frente da casa tem um pátio com pedras, flores, um laguinho e um jardim de fazer inveja, contendo um belo gramado e uma piscina.

Após a mudança para esta área de Los Angeles repleta de famosos, Jennifer descobriu que entre os vizinhos estavam Penélope Cruz e Javier Bardem, Nicole Kidman e Keith Urban, Ashton Kutcher e Mila Kunis, e também Cameron Diaz. Embora a maioria das estrelas tenda a pagar caro por um designer de interiores e dar a ele carta branca para comprar móveis sofisticados, Jennifer ficou chocada com a ideia e preferiu comprar um sofá barato, jurando adotar uma abordagem totalmente discreta para mobiliar a casa nova. Ela disse ao *Telegraph*: "Comprei um sofá da Ikea. Foi meio de pirraça, mas ele é ótimo. Não importa quanto dinheiro eu ganhe, preços injustos realmente me irritam, como fazer compras em Los Angeles e achar uma camiseta por 150 dólares, por exemplo. Tenho noção das coisas porque não cresci nessa indústria. Não sou de Hollywood, sou do Kentucky. Só fiz sucesso há alguns anos, tenho plena consciência do mundo real e sei quanto custa um sofá. O humor me ajudou a sobreviver a tudo isso", acrescentou ela. "Meu pai me ensinou a sempre rir de mim mesma. Acho que posso ter uma conversa intelectual por uns cinco minutos e já quero voltar a rir."

Ao mesmo tempo, Jennifer foi obrigada a reconhecer que o mundo no qual ela transita como estrela de primeiro escalão é totalmente distante de sua criação modesta em Louisville e, gostando ou não, sua situação atual é outra. Ela, sem dúvida, é extremamente rica e poderosa, e sempre que parece impossível aumentar ainda mais a fama, ela consegue surpreender. No ano de 2014 ela foi considerada a atriz mais bem paga de Hollywood. Reconhecendo o impacto da jovem na indústria cinematográfica, a revista de economia *Forbes* deu a ela o primeiro lugar na lista de Atrizes mais Poderosas de 2014, por ter provado que protagonistas femininas também podem fazer *blockbusters* de ação, além de serem símbolos sexuais. Essas homenagens, junto com as várias indicações a prêmios e vitórias, demonstram que Jennifer agora está entre as estrelas mais influentes de Hollywood.

O *Livro Guinness dos Recordes* também considerou Jennifer a Heroína de Ação mais bem Paga de Todos os Tempos na edição de 2015 pelo papel na franquia *Jogos Vorazes*. A última edição do almanaque de proezas incríveis, estranhas e enigmáticas também esgotou quando chegou às livrarias em setembro de 2014.

No mesmo ano, apenas dois filmes dela, *Jogos Vorazes: A esperança – Parte 1* e *X-Men: Dias de um futuro esquecido*, faturaram 1,4 bilhão de dólares em bilheteria. E *A esperança* também fez história ao virar o filme de maior bilh teria lançado em 2014.

A produtora Lionsgate anunciou que *A esperança* faturou 333,2 milhões de dólares nos EUA nas primeiras semanas de lançamento, se estabelecendo como o filme mais lucrativo de 2014, derrotando *Guardiões da galáxia*.

No ano anterior, a série viveu sucesso semelhante, pois *Em chamas* derrotou *Homem de Ferro 3*, sendo o maior lançamento de 2013. Segundo o *BuzzFeed*, também foi o segundo ano seguido em que um filme com protagonista feminina dominou as bilheterias dos EUA.

Também foi a primeira vez na história que dois filmes da mesma franquia chegaram ao primeiro lugar e, na época, era quase impossível lembrar o risco que havia sido colocar uma relativa desconhecida no papel principal de *Jogos Vorazes*.

Dirigida por Gary Ross, a primeira adaptação do bem-sucedido romance de Suzanne Collins estourou em 2012, chegando não apenas ao primeiro lugar como também registrando o faturamento de 152 milhões de dólares logo no começo.

Para se ter uma ideia da proporção, foram 24 milhões de dólares a mais que a sequência do já conhecido filme de super-herói *Homem de Ferro 2* conseguira em sua estreia. Quando saiu de cartaz, *Jogos Vorazes* se estabeleceu como o filme de ação com protagonista feminina que faturou mais de 691 milhões de dólares no mundo inteiro, quebrando recordes de bilheteria e alçando Jennifer ao nível de superestrela. Com a fatia recebida dos lucros, a jovem atriz nunca mais precisaria trabalhar, se assim quisesse.

No inverno de 2013, *Jogos Vorazes: Em chamas* teve um resultado ainda melhor: faturou 158 milhões de dólares no fim de semana de estreia, 424 milhões de dólares nos EUA e 864 milhões no mundo inteiro. Superando o primeiro lançamento, a segunda parte da franquia passou a ser o filme protagonizado por heroína de ação com o maior faturamento de todos os tempos, superando *Exterminador do futuro 2: O julgamento final*, de1991, com Linda Hamilton, que faturou 204 milhões de dólares nos EUA; *Sr. & Sra. Smith*, de 2005, com Angelina Jolie, que faturou 186 milhões de dólares e *Alien, o oitavo passageiro*, de 1979, com Sigourney Weaver, que faturou 85 milhões.

Jogos Vorazes: Em chamas também ganhou o título de filme com maior bilheteria dos EUA em 2013, derrotando *Homem de Ferro 3*. Chegou ao décimo lugar entre os filmes de maior bilheteria nos EUA de todos os tempos, logo atrás de *E.T, o Extraterrestre*.

Quando a quarta parte da franquia estava no meio da produção, o faturamento já havia alcançado 1,52 bilhão de dólares no mundo inteiro. E, com a empolgação com *Jogos Vorazes: A esperança — Parte 2* chegando a níveis altíssimos antes do lançamento, tudo indicava que Katniss continuaria dominando o mundo.

Jennifer terminou 2014 como a atriz com maior faturamento em Hollywood, com seus filmes rendendo 1,4 bilhão de dólares nas bilheterias do mundo inteiro. Esses valores aumentariam ainda mais com as vendas de DVDs e os downloads.

Chris Pratt ficou em segundo lugar, com 1,2 bilhão de dólares de faturamento global, graças ao papel principal em *Guardiões da galáxia*, da Marvel, e da bem-sucedida comédia da Warner Bros, *Uma aventura lego*. A Marvel arriscou ao lançar essa aventura espacial protagonizada por personagens menos conhecidos dos quadrinhos, mas Pratt conquistou a plateia como o herói meio malandro Peter Quill, e *Guardiões da galáxia* ficou entre os filmes de maior bilheteria nos EUA, com um faturamento de 333 milhões de dólares.

Scarlett Johansson ficou em terceiro lugar, com um faturamento nas bilheterias internacionais de 1,18 bilhão de dólares, basicamente pela continuação *Capitão América: O soldado invernal*, que faturou 714 milhões de dólares no mundo inteiro. Johansson voltou ao papel de Viúva Negra no filme estrelado por Chris Evans como o super-herói principal. O resto do sucesso de Johansson na bilheteria veio dos filmes *Lucy* e *Sob a pele*.

Apesar da ótima rentabilidade, Jennifer se envolveu em uma polêmica mundial quando veio à tona que seu cachê fora menor do que o de seus colegas homens do elenco de *Trapaça*.

A notícia se espalhou em dezembro de 2014 como consequência do vazamento de um conjunto de e-mails comprometedores da Sony Pictures, após o sistema de informática da empresa ter sido invadido. As mensagens revelaram que os protagonistas do sexo masculino ganharam muito mais que as mulheres com quem contracenaram. Aparentemente os boatos sobre acordos privados na indústria do cinema, que fazem os homens ganharem mais já circulavam há tempos, e a especulação foi confirmada em um dos e-mails vazados, que dizia quanto cada um dos atores ganhara em *Trapaça*, incluindo a parcela nos lucros paga a Jennifer, Bradley Cooper, Christian Bale, Jeremy Renner e Amy Adams.

Em e-mails de dezembro de 2013, executivos discutiram a divisão dos lucros secundários de *Trapaça*. O diretor David O. Russell e os atores Bradley Cooper, Christian Bale e Jeremy Renner receberam nove por cento dos lucros finais, enquanto Jennifer e a colega Amy Adams ficaram com sete por cento pelo filme vencedor do Oscar.

Na fatídica troca de e-mails entre a vice-presidente Amy Pascal, o presidente da Sony Pictures Doug Belgrad e o presidente da Columbia Pictures, Andrew Gumpert, este último levanta a questão delicada. E foi o e-mail dele escrito às pressas que abordou diretamente a diferença nos salários e gerou polêmica após ser publicado no *The Daily Beast*: "Recebi uma ligação urgente dizendo que é injusto que os atores recebam nove por cento dos lucros e Jennifer, apenas sete.

Você deve lembrar que Jennifer estava em cinco (Amy estava e continua nos sete) e ME queria dois por cento a mais para Jennifer chegar aos sete. Se alguém precisa ganhar mais que Jennifer, é a Megan. MAS acho que Amy e Jennifer estão juntas, então se subir a JL tem que subir a AA também."

Na segunda parte da mensagem, Amy e AA referem-se à Amy Adams, e Megan e ME dizem respeito à Megan Ellison, chefe da empresa investidora Annapurna Pictures.

O mesmo e-mail continuava: "Os acordos atuais para os talentos são: O'Russell, 9%; Cooper, 9%; Bale, 9%; Renner, 9%; Lawrence, 7%; Adams, 7%."

Amy Pascal respondeu: "É isso mesmo."

Jennifer aparentemente receberia apenas cinco por cento dos lucros do filme, segundo os e-mails no qual ela é chamada pelo apelido "Peanutbutt" (corruptela de "manteiga de amendoim" em inglês).

De acordo com a revista *Screen Rant* e outras fontes, Jennifer ganhou um aumento enorme após o Oscar de Melhor Atriz e o sucesso de *X-Men*. Pela sequência de *Jogos Vorazes: Em chamas*, ela ganhou dez milhões de dólares mais bônus e outros valores que a colocaram rapidamente no caminho para virar uma das atrizes mais bem pagas do mundo.

E ela foi considerada a segunda atriz mais bem paga de 2014 — atrás de Sandra Bullock —, com ganhos estimados em 34 milhões de dólares graças ao papel principal na franquia *Jogos Vorazes*. Também foi divulgado que *Trapaça* só recebeu o sinal verde para ser produzido após o sucesso de *Jogos Vorazes*.

A história virou manchete, pois àquela altura Jennifer era a estrela mais lucrativa de Hollywood havia pelo menos dois anos e, apesar do perfil em ascensão, continuava sujeita à desigualdade salarial, recebendo 77 centavos para cada dólar recebido pelos colegas homens.

Após revelar a história que rendeu manchetes furiosas no mundo inteiro, um porta-voz do *Daily Beast* explicou: "O *Daily Beast* analisou boa parte das centenas de milhares de e-mails e descobriu várias outras revelações chocantes. Porém, a mais perturbadora a respeito de Lawrence diz respeito à compensação financeira, com os e-mails vazados revelando que a estrela de *Jogos Vorazes* ganhou menos que os colegas do sexo masculino em *Trapaça*."

Não se sabe exatamente quanto a atriz recebeu exatamente, mas essas revelações foram suficientemente dolorosas para os chefões do estúdio. A Sony

Pictures foi vítima de um ataque em massa feito pelo grupo de hackers Guardians of Democracy, e muitos e-mails vazados eram constrangedores para a Sony, principalmente para Pascal e o produtor Scott Rudin. Os dois pediram desculpas publicamente a quem tenha se sentido ofendido por qualquer comentário feito por eles.

Além disso, foi descoberto que os 25 gigabytes de dados publicados na Internet pelos hackers possivelmente eram apenas uma fração dos terabytes roubados dos computadores da Sony.

A estrela de *Friends* Lisa Kudrow falou sobre o incidente e deixou claro que não gostou da diferença salarial entre atores e atrizes. Na época ela estrelava a série da HBO *The Comeback*, que ironicamente explorava a indústria do entretenimento atual e trazia para a discussão assuntos como a forma pela qual as mulheres eram tratadas e julgadas de modo diferente dos homens naquele ambiente notoriamente machista.

Falando ao *E! News* sobre os conceitos explorados na série e como ela se relacionava ao drama do vazamento em Hollywood, Kudrow disse: "Há pouco tempo eu ouvi que Jennifer Lawrence recebeu menos que todos os homens [de *Trapaça*]. Quer dizer, então, que Amy Adams também ganhou menos? Que surpresa. Por que isso acontece? Essas mulheres não são cruciais? As pessoas estão indo ver Bradley Cooper e Christian Bale? Quer dizer, se isso é um fato, então tudo bem, mas será que é verdade? Acho que a pergunta é essa."

A própria Jennifer se recusou a comentar o escândalo e, quando Amy Adams disse que também não desejava falar sobre isso, teve uma aparição no *Today Show* cancelada em dezembro de 2014. Ela alegou que não se sentiria confortável respondendo a perguntas sobre isso e, como resultado, os produtores desistiram do segmento no qual ela deveria promover seu novo filme, *Grandes olhos*.

O estúdio responsável por *Grandes olhos*, Weinstein Company, declarou o seguinte sobre o assunto: "Estamos firmes ao lado de Amy. Temos a sorte de ser agraciados com o talento dela em vários de nossos filmes. Temos certeza de que todos os seus colegas atores e diretores concordariam que ela é uma profissional irrepreensível, dentro e fora das gravações. Amy decidiu falar por si e expressar a decepção pelo fato de o *Today* fazer uma pergunta que ela não se sentiria confortável [em responder] e, em vez de respeitar a opinião ou continuar o debate, a reação foi cancelar a presença dela no programa."

As informações vazadas da Sony também revelaram uma grande diferença entre os salários dos funcionários da empresa. Dos dezessete executivos da Sony cujo salário passava de um milhão de dólares, apenas um era mulher: a presidente da Sony Pictures, Amy Pascal.

A vice-presidente da subsidiária da Sony Columbia Pictures, Hannah Minghella, estava prestes a ganhar 1,55 milhão de dólares naquele ano, mas isso era um milhão a menos que o vice-presidente Michael de Luca.

Diante da polêmica, Charlize Theron, também vencedora de um Oscar, e seus agentes usaram as informações recém-adquiridas na renegociação do contrato para o próximo filme dela, *O Caçador e a Rainha do Gelo*, continuação de *Branca de Neve e o Caçador*, de 2012. Theron exigiu receber o mesmo que o colega Chris Hemsworth. Consta que a Universal Pictures concordou, oferecendo a ela um novo acordo valendo mais de dez milhões de dólares a fim de evitar as mesmas acusações de machismo recebidas pela Sony Pictures.

As revelações geraram uma conversa tensa em todo o mercado: "O que isso revela mesmo é a maneira como os homens são capazes de subir rapidamente ao topo da cadeia alimentar de Hollywood", contou Melissa Silverstein, fundadora e editora da Women and Hollywood, organização e site que educa, defende e milita em prol da igualdade de gênero na indústria do entretenimento. "Chris Hemsworth não era nada até segurar aquele martelo em *Thor* há alguns anos e agora ele consegue ganhar tanto ou até mais dinheiro que uma atriz vencedora do Oscar."

Embora a indústria cinematográfica tenha fama de liberal em termos de política, Silverstein lembrou que o machismo ainda era comum: "Há uma narrativa em Hollywood de que homens são mais rentáveis." Ela disse ter se animado com luta bem-sucedida de Charlize Theron pela igualdade, mas a empolgação foi contida pelos anos que passou vendo o problema persistir: "Até vemos algum movimento nesses números, mas não acho que conquistamos o que precisamos conquistar."

Em uma entrevista ao *New York Times*, a atriz Jennifer Aniston também falou sobre a disparidade salarial em Hollywood: "Somos uma sociedade muito machista", declarou ela. "As mulheres ainda não ganham tanto quanto os homens."

Uma das apresentadoras do *MSNBC Morning Joe*, Mika Brezinski, contribuiu para o debate, sugerindo que Jennifer deveria exigir indenização dos produtores de *Trapaça*.

"Hollywood é o exemplo perfeito de como este problema é horrível. A diferença entre o salário das mulheres e dos homens é indecente. Acho que todos cujo salário foi revelado, como Jennifer Lawrence, deveriam falar sobre isso. Todas deveriam exigir que as empresas respondessem por isso. Eu exigiria pagamento retroativo pelo filme no qual ela recebeu menos. Estou falando sério. De verdade. Porque, a essa altura, isso não vai ser resolvido a menos que eles sejam obrigados a agir."

Contudo, quando perguntaram sobre a decisão de pagar menos a Jennifer que aos colegas do sexo masculino, Amy Pascal da Sony Pictures não se retratou, alegando ter sido uma decisão puramente comercial que precisou fazer: "Eu gerencio uma empresa", disse ela.

Em fevereiro de 2015, Pascal estava falando no evento Women in the World em São Francisco, e foi entrevistada pela lendária ex-editora da *Vanity Fair* e da *The New Yorker*, Tina Brown: As pessoas devem saber o quanto valem", explicou Pascal. "Eu paguei [a Jennifer Lawrence] muito mais desde então, juro. O problema é o seguinte: eu gerencio uma empresa. As pessoas querem trabalhar por menos dinheiro, eu pago menos. Não ligo para elas e falo: 'Posso pagar um pouco mais?' Porque não é o que se faz ao se gerenciar uma empresa. A verdade é que as mulheres precisam não aceitar trabalhar por menos. Elas precisam recusar. As pessoas não deveriam ser tão gratas pelos empregos. Elas devem saber o quanto valem.

A questão voltou às manchetes quanto a atriz Patricia Arquette destacou a desigualdade salarial no discurso de agradecimento pelo Oscar de Melhor Atriz Coadjuvante por *Boyhood: da infância à juventude* no início de 2015. Ela arrancou aplausos da plateia repleta de estrelas, e Meryl Streep chegou a pular da cadeira e berrar "Sim!" quando Arquette disse: "A toda mulher que deu à luz, a todo contribuinte e cidadão desta nação, lutamos por direitos iguais para todos. Chegou a hora de termos igualdade salarial de uma vez por todas e direitos iguais para as mulheres nos Estados Unidos da América."

Embora não tenha mencionado especificamente o vazamento dos e-mails da Sony, ela aproveitou a oportunidade para falar sobre a questão da desigualdade de gêneros e retomou o assunto com a imprensa nos bastidores da premiação: "É a nossa hora. É a hora das mulheres. Igual significa igual. E a verdade é que quanto mais velha a mulher fica, menos dinheiro ela ganha. A maior porcentagem de crianças vivendo na pobreza está em lares chefiados por mulheres. É inadmissível que rodemos o mundo falando de direitos iguais para as mulheres em outros países quando não temos isso aqui nos EUA. E não temos porque quando eles escreveram a Constituição, não a fizeram para as mulheres."

A igualdade de gêneros virou o improvável tema da noite, pois Arquette não foi a única atriz a utilizar a famosa cerimônia para abordar uma questão feminista. Quando a indicada Reese Witherspoon foi entrevistada no tapete vermelho, falou sobre a AskHerMore (Pergunte mais a ela, em tradução livre), campanha na Internet que estimula os jornalistas a perguntarem às atrizes sobre outros assuntos, além dos nomes dos estilistas favoritos e quem fez o vestido que estão usando.

"É um movimento para dizer que somos mais do que os nossos vestidos. É difícil ser mulher em Hollywood", explicou Witherspoon.

Quatro meses depois, quando o assunto parecia estar caindo no esquecimento, outro grande lote de e-mails Sony foi vazado por hackers e publicado pelo site de denúncias *WikiLeaks*.

Uma das mensagens revelava que o estúdio foi obrigado a lidar com os problemas ocorridos em consequência da extenuante carga de trabalho de Jennifer e seus vários compromissos de filmagem. Por vários meses a agenda foi pesada e, em janeiro de 2014, a atriz se recusou a voltar para Los Angeles de avião para fazer um ensaio fotográfico que seria publicado em uma capa especial da revista *Entertainment Weekly* com os colegas de *Trapaça* na corrida para o Oscar. Embora Bradley Cooper e Amy Adams tenham concordado em promover o filme na influente revista norte-americana, Jennifer insistiu que estava cansada demais para vir da Geórgia, onde filmava. Ela também esnobou um almoço do Oscar, embora estivesse entre as indicadas.

Um e-mail do executivo da Sony, Jon Gordon, dizia: "Jen definitivamente não vem para o almoço da Academia. Ela está exausta e a única viagem para Los Angeles que vai fazer até junho é para o Oscar."

O colega de Gordon, Ileen Reich, acrescentou: "Jennifer Lawrence NÃO vai. Ela se recusou a fazer outra capa para a *EW*. Christian Bale NÃO vai. Os assessores disseram que ele não promove o filme depois da estreia."

Porém, a chefona do estúdio Megan Ellison estava visivelmente furiosa por Jennifer ter aberto mão do ensaio fotográfico e também do almoço de luxo que promoveriam os filmes do estúdio e contra-atacou: "Nós realmente precisamos garantir que Jennifer esteja lá. Acho que é um erro imenso deixar que ela não vá."

Outro executivo do estúdio, Andre Caraco, acrescentou: "Nós definitivamente precisamos de ajuda se quisermos virar esse jogo, incluindo levá-la ao almoço dos indicados."

A troca de mensagens revelou que o estúdio gastou muito dinheiro em jatinhos particulares para que Jennifer viajasse entre as principais cerimônias de entrega de prêmios após a indicação por *Trapaça*. De acordo com os e-mails, a Sony gastou 47 mil dólares em um jatinho fretado para levá-la de Atlanta à cerimônia do Oscar, onde concorria ao prêmio de Melhor Atriz Coadjuvante.

Muitos e-mails falam dos vários dilemas de logística enfrentados pelo estúdio para transportar Jennifer entre as principais premiações e as gravações e vice-versa. Uma mensagem buscava aprovação para uma viagem de jatinho de 51 mil dólares para que Jennifer pudesse ir à entrega do SAG Awards em 2014. Outra troca de mensagens mostrou os detalhes dos preparativos para levar a atriz e o colega de cena Christian Bale da tempestuosa Atlanta para alguns compromissos promocionais e depois levá-la de volta ao set de *Jogos Vorazes* para uma gravação a ser feita às seis da manhã.

O longo e-mail de Andre Caraco dizia:

> As informações estão chegando velozes & furiosas sobre a previsão do tempo para hoje e como isso afeta os voos fretados para Christian e Jennifer, então, quero que todo mundo saiba o que está acontecendo.
>
> Christian Bale: nosso plano original era que ele fizesse o tapete vermelho na estreia e depois fosse ao aeroporto pegar o voo das 21h para a Espanha. A companhia de avião particular Avjet sugere que, para ter 100% de segurança, adiantemos o voo de Christian para as 18h, pois o clima muda rapidamente. Sair às 21h ainda é possível, mas há um risco envolvido e, como todos vocês sabem, há um custo significativo com o qual precisaremos arcar se não o devolvermos de volta à produção em tempo. Precisamos falar com Bale AGORA para que ele, sua família e

agentes possam se preparar, além de avisarmos à companhia aérea o mais rapidamente possível.

Jennifer Lawrence: a situação dela é diferente, pois a previsão do tempo em Atlanta já está desfavorável e soubemos que ela não vai poder viajar de avião no horário marcado (20h15) esta noite. Considerando que ela tem uma gravação de JOGOS VORAZES às 6h amanhã e o voo mais cedo amanhã sai às 7h30, fomos informados que o único horário no qual ela poderia viajar hoje para evitar o mau tempo seria às 17h. A equipe de segurança de Jennifer já falou com ela, que decidiu que prefere sair nesse horário e a equipe também foi alertada.

O vice-presidente Jeff Blake respondeu: "Preciso urgentemente saber quanto será a multa caso Jennifer Lawrence não esteja nas filmagens de *Jogos Vorazes* amanhã."

No e-mail para o grupo, Caraco respondeu que Jennifer não viajaria com mau tempo e acrescentou: "Só para ser totalmente claro... Sair depois das 17h30 não é uma opção para Jennifer. Além do mais, a equipe de segurança avisou que não é seguro e ela não vai fazer isso. Resumo da ópera: ou pagamos a multa ou ela sai às 17h."

Jennifer acabou concordando em ir ao evento, mas Reich mandou uma mensagem lembrando a equipe como se comportar na cerimônia, dizendo: "Você vai sorrir sempre a noite inteira, não importa o que aconteça. E fique em seu lugar quando a cerimônia acabar, não importa o que aconteça. Não se levante par ir embora até o show terminar, mesmo se não ganharmos. Porque a câmera pode filmar a nossa mesa durante um discurso e você precisa ser educada, não importa o que aconteça."

O uso generoso dos jatinhos particulares pela empresa foi motivo de grande constrangimento, pois também se descobriu que o ator e dedicado ambientalista Leonardo DiCaprio fez seis voos em jatinhos particulares em seis semanas.

Famoso defensor de causas ambientais entre os atores de primeira linha, DiCaprio acredita que o mundo deve agir imediatamente para combater os efeitos das mudanças climáticas globais e também produz documentários sobre espécies em risco de extinção. Contudo, sobraram acusações de hipocrisia para o astro de Hollywood nas quais os detratores o acusaram de não praticar o que defende.

Todo o episódio se mostrou vergonhoso para a Sony, que teve dificuldade para se recuperar do vazamento. Entre as outras mensagens comprometedoras divulgadas em abril de 2015, também foi revelado que Amy Pascal queria refazer o filme *Cleópatra*, com Jennifer no papel principal, mas Angelina Jolie já tinha se candidatado ao papel. Pascal escreveu a um amigo: "Eu estava lendo antigas recomendações feitas pelo estúdio para *Cleópatra*. Eu teria de matar a Angie, mas confesso que esse pensamento passou pela minha cabeça."

Outra mensagem vazada de Pascal dizia que Jennifer e Emma Stone tinham demonstrado interesse em estrelar uma nova versão de *Os caça-fantasmas* com elenco totalmente feminino.

No que foi amplamente visto como um pesadelo para o estúdio, o *WikiLeaks* criou um banco de dados (com ferramenta de busca) com os 30.287 documentos da Sony Pictures Entertainment e 173.132 e-mails cheios de informações pessoais e acordos de negócios. Defendendo a decisão de publicar os documentos, o fundador do *WikiLeaks* Julian Assange escreveu em seu site: "Os arquivos da Sony oferecem um raro vislumbre sobre o funcionamento de uma grande e sigilosa corporação multinacional. O trabalho da Sony conhecido publicamente consiste em produzir entretenimento. Contudo, os arquivos mostram que nos bastidores ela é uma corporação influente, ligada à Casa Branca (há quase cem endereços de e-mail do governo norte-americano no arquivo), capaz de afetar leis e políticas, além de estar ligada ao complexo militar e industrial dos EUA."

Entre os e-mails que chegaram às manchetes, havia um sobre o grande astro, cantor e compositor Bruce Springsteen, cujo status era de uma máquina de dinheiro tão grande para a Sony que o contrato dele foi renovado até 2027, segundo uma mensagem do CFO da Sony, Steve Kober, para o CEO, Michael Lynton: "Considerando o histórico dele, não é um artista que podemos nos dar ao luxo de perder. A Sony Music ganhou quase 72 milhões de dólares dos 101 milhões pagos a Springsteen durante a vigência do contrato."

Em outra mensagem, o ator George Clooney, contratado para dirigir um filme sobre o escândalo dos grampos telefônicos feitos pelos tabloides britânicos, brincou profeticamente que os e-mails da Sony poderiam ser invadidos.

Outras revelações incluíam mensagens dizendo que Tom Cruise estava negociando para interpretar Steve Jobs em um filme, que Angelina Jolie era "uma fedelha mimada com o mínimo de talento", e que Clooney estava absurdamente envergonhado pelo filme *Caçadores de obras-primas*.

O marido de Angelina, Brad Pitt, também foi exposto por ter dado um chilique em uma troca de e-mails reveladora entre os produtores Michael De Luca e Doug Belgrad. Falando sobre *Corações de ferro*, de 2014, Belgrad disse que Pitt não gostou de algumas alterações feitas no filme: "Brad parece ter ficado fora de si quando viu o novo corte e reclamou com Cynthia que ficou 'arrasado' com as mudanças e ameaçou não promover o filme", escreveu Belgrad. "Ele também trocou mensagens de texto com Ayer, que me falou que Brad só assistiu até a cena do jantar. David espera que tenha sido só uma noite ruim ou uma reação a pequenas mudanças que ele possa consertar facilmente. Cynthia está mandando e-mails para Brad para saber sobre o que desencadeou isso e garantir que ninguém vai fazer um corte final que não o agrade. Não há nada que a gente possa fazer agora. Parece que vamos lidar com os eventuais problemas que sobrarem amanhã."

"Tão estranho isso", responde De Luca. "Tão diferente da última vez que falamos com ele e literalmente concordamos com todas as alterações que ele sugeriu."

O filme de 2015 de Cameron Crowe, *Sob o mesmo céu*, estrelado por Bradley Cooper, Emma Stone e Rachel McAdams, também rendeu alguns e-mails. Em uma troca de mensagens, Crowe e Pascal falam sobre os atores do filme, com o diretor escrevendo: "Nosso elenco é o melhor de todos. Sinceramente, temos ótimas opções em todas as atuações, exceto as de Bill Murray... Que basicamente é aquilo que você viu." Pascal concorda que o filme "é de Bradley".

Mas Crowe também alude às excentricidades de Cooper, dizendo: "Sinceramente, Bradley é tão estranho que acertar a atuação dele é complicado, mas agora ele está bem, então vamos deixá-lo quieto e cuidar da nossa garota [Stone] e suas nuances. Pequenos movimentos com ela ficam enormes, como [você] sabe."

"Acertar o Bradley foi o mais difícil", concorda Pascal.

Emma Stone visivelmente surge como a favorita do estúdio e, quando Pascal manda um e-mail para perguntar o que ela gostaria de fazer após o término da franquia *Homem-Aranha*, a atriz deixa claro que está cansada de interpretar namoradas encantadoras e peculiares, respondendo: "Quero interpretar uma louca, uma mulher difícil ou fazer algo radical, bem diferente e divertido."

Em resposta à criação do banco de dados onde é possível fazer buscas, a Sony acusou o *WikiLeaks* de contribuir para os danos causados pelo roubo de dados, que é considerado "um ato criminoso e mal-intencionado".

"Os invasores usaram a disseminação de informações roubadas para tentar prejudicar a SPE e seus funcionários, e agora a *WikiLeaks* lamentavelmente está ajudando esse grupo em seu objetivo", protestou a Sony em um comunicado.

O FBI investigou a invasão inicial em dezembro de 2014 e concluiu que ela veio da Coreia do Norte em resposta ao filme *A entrevista*, comédia que debochava do regime norte-coreano. Contudo, alguns especialistas em segurança da informação disseram que informantes da Sony podem ser os culpados.

No início de 2015, Amy Pascal pediu demissão de seu poderoso cargo na Sony, embora depois tenha dado a entender que foi demitida. Durante a conferência Women in the World, ela disse à jornalista Tina Brown: "Todas as mulheres aqui estão fazendo coisas incríveis no mundo, enquanto eu só consegui ser demitida!" Ela descreveu a experiência como "horrível, mas estranhamente libertadora", apesar de ter piorado ainda mais a situação ao chamar as celebridades que mencionou nos e-mails de "poços sem fundo de necessidades".

Enquanto isso, todo esse desastre até acabou bem para Jennifer: alguns meses após o vazamento foi divulgado que ela finalmente receberia mais que os colegas do sexo masculino. Vendo isso como uma oportunidade para deixar o escândalo para trás, a Sony Pictures aceitou que Jennifer recebesse consideravelmente mais que o colega Chris Pratt pelo filme *Passengers*. Enquanto Pratt esperava ganhar 12 milhões de dólares, o acordo monumental que deu à Jennifer vinte milhões de dólares imediatamente ou uma fatia de trinta por cento dos lucros, foi visto como pioneiro, pois ainda continua sendo muito raro qualquer atriz ganhar mais que o colega do sexo masculino. E, no verão de 2015, cinco dias após completar 25 anos, Jennifer Lawrence foi considerada a atriz mais bem paga do mundo. Um feito e tanto para uma garota tranquila do Kentucky.

CAPÍTULO SETE

UM ESCÂNDALO MUITO MODERNO

Se Jennifer ficou incomodada e envergonhada pelo tamanho do cachê que ganhava após o vazamento dos e-mails da Sony Pictures, isso não foi nada comparado a outro escândalo envolvendo roubo de dados, dessa vez, em uma esfera muito mais pessoal, que a afetaria no final de 2014.

Ela acabou sendo a vítima mais famosa de um perturbador vazamento que envolveu milhares de fotos íntimas baixadas de várias contas de e-mail e celulares de celebridades.

Jennifer não pareceu muito preocupada com as diferenças salariais reveladas pelo incidente da Sony (pelo menos ela não falou publicamente sobre isso). Mas o furor causado pelas fotos sensuais disponibilizadas ao público foi considerado não só uma imensa humilhação pessoal, pois as imagens foram vistas por milhões de pessoas no mundo, como o maior golpe em sua carreira até aquele momento.

Em 31 de agosto de 2014, subitamente, uma enxurrada de fotos muito íntimas tomou conta da Internet por obra hackers anônimos. Assim que os assessores de Jennifer confirmaram que as fotos explícitas circulando pela web eram verdadeiras, elas imediatamente viralizaram e foram vistas por milhões de pessoas.

Jennifer ficou compreensivelmente mal com o fato de suas imagens particulares, aparentemente tiradas para enviar a um ex-namorado, estarem sendo analisadas por desconhecidos. Ela recorreu a um raro comunicado à imprensa, lançado por seus assessores, deixando bem claro o quanto estava furiosa e definindo o ato como uma "flagrante violação de privacidade" e acrescentando: "As autoridades foram acionadas e processarão qualquer pessoa que publique as fotos roubadas de Jennifer Lawrence."

Hackers anônimos acessaram não só a conta de Jennifer no iCloud como também os arquivos particulares de centenas de outras mulheres famosas, alegando ter várias fotos explícitas prontas para serem liberadas ao público.

Rapidamente descobriu-se que Jennifer era apenas uma entre várias estrelas afetadas, pois o boato falava em 423 celebridades que teriam sido vítimas dessa operação de roubo de dados em grande escala. Embora o Twitter tenha começado a suspender as contas de quem divulgou as fotos, assim que o vazamento foi a público uma avalanche de novas imagens foi liberada, e a situação mudava rapidamente, piorando a cada hora.

As fotos foram publicadas originalmente no fórum de compartilhamento de imagens *4chan* e o hacker, que permanecia anônimo até então, apareceu dizendo que preferia não ser conhecido como hacker e sim como colecionador de imagens. Além disso, disse que tinha mais de sessenta selfies de Jennifer nua em várias posições comprometedoras, além de um vídeo em que ela supostamente fazia algum tipo de ato sexual.

O sistema de armazenamento iCloud da Apple foi cuidadosamente analisado, pois a invasão em massa, rapidamente considerada como o maior escândalo envolvendo celebridades da história, levantou dúvidas quanto à segurança do sistema, sendo a principal delas: como foi possível acessar tantos sistemas protegidos sem as senhas?

Foi divulgado um listão com os nomes das outras supostas vítimas que teriam sido alvo dos hackers. Eram atrizes, modelos, estrelas de reality shows e estrelas da música britânicas e norte-americanas, como Rihanna, Michelle Keegan, Cara Delevingne, Cat Deeley, Kelly Brook, a estrela de *Glee* Lea Michele, Aubrey Plaza, Candice Swanepoel, Hilary Duff, Kaley Cuoco, Kim Kardashian, Selena Gomez, Vanessa Hudgens, Kate Bosworth, Victoria Justice, Emily Browning, Jenny McCarthy e Hayden Panettiere, todas aparentemente em imagens também comprometedoras.

Acima, à esquerda: a jovem Jennifer durante a 6ª edição da Teen Vogue Hollywood Party, em Los Angeles, 2008.
© Michael Buckner/Getty Images

Acima, à direita: A pose "acima do ombro" antes da pré-estreia de *Vidas que se cruzam*, em 2008.
© Alberto Pizzoli/AFP/Getty Images

Abaixo: Mais uma pré-estreia, dessa vez de *Inverno da alma*, em 2010
© Alexandra Wyman/WireImage

Acima: Não tem como escapar! Jennifer abraça o colega de elenco Josh Hutcherson pela cabeça durante a estreia de *Jogos Vorazes: Em chamas* em Roma, 2013.

© Vittorio Zunino Celotto/Getty Images

Abaixo à esquerda: Jennifer com os colegas de *Jogos Vorazes* Liam Hemsworth, Josh Hutcherson e Elizabeth Banks na London 02 Arena, 2012.

© Jon Furniss/WireImage

Abaixo, à direita: A garota em chamas novamente, durante outra estreia de *Jogos Vorazes: Em chamas*, dessa vez em Madrid.

© Carlos Alvarez/Getty Images

Acima: A maldição do Oscar: Jennifer cai pela segunda vez durante a premiação, em 2013, ao receber o prêmio de Melhor Atriz pelo papel em *O lado bom da vida*. *© Kevin Winter/Getty Images*

Abaixo: Valeu a pena cair, Jennifer exibe seu Oscar. *© Joe Klamar/AFP/Getty Images*

Acima: O nome do programa não é *Late Show* à toa. Jen se cobre ao conversar com David Letterman, 2013.
© Jeffrey R. Staab/CBS via Getty Images

Abaixo: Sorrisos para todo lado; Jennifer conversa no palco com a colega de elenco de *Jogos Vorazes* Elizabeth Banks durante o 21º Annual Women in Hollywood Celebration da revista *Elle*, 2014.
© Michael Buckner/Getty Images

Horrorizados, alguns usuários do Twitter imediatamente se reuniram para apoiar Jennifer após as fotos terem sido compartilhadas na Internet, e muitos deles se recusaram a vê-las por uma questão de princípios.

Um usuário declarou: "Eu teria muito orgulho se tivesse a aparência da #JenniferLawrence."

Outro fã acrescentou: "A pessoa que vazou as fotos íntimas da Jennifer Lawrence tem várias listas de nomes e eu sinto muita pena delas."

Contudo, houve quem não conseguisse esconder a alegria e a empolgação quando as fotos apareceram no Twitter por terem livre acesso ao que poderiam ser consideradas imagens pornográficas.

"Hoje é um bom dia", escreveu um fã.

"A melhor maneira de começar a semana", acrescentou outro.

Até aquele fatídico dia, o *4chan* era apenas um site desconhecido no qual os usuários podiam publicar fotos e vídeos anonimamente, além de comentar as publicações alheias. Os usuários não precisavam se cadastrar para participar, então era totalmente não regulamentado.

O site foi dividido em vários fóruns com temas específicos, indo de videogames e música a fotografia e imagens que as pessoas queriam publicar de suas celeridades favoritas. Muitos fãs estimularam a polícia a encontrar os responsáveis por criar e manter o site, enquanto a cantora Ariana Grande e a atriz e cantora Victoria Justice apareceram dizendo que as fotos delas eram falsas.

A modelo Kate Upton confirmou que fotos verdadeiras dela foram vazadas e um advogado emitiu um comunicado em seu nome, dizendo: "Esta é obviamente uma violação ultrajante da privacidade da nossa cliente, Kate Upton. Pretendemos processar qualquer pessoa que dissemine ou copie de qualquer forma possível essas imagens obtidas ilegalmente."

Upton depois declarou ao *Evening Standard*: "Foi muito difícil. É uma invasão da minha privacidade e não é certo. É ilegal. As pessoas não têm o direito de olhar essas fotos ou julgá-las." Ela acrescentou que até pensou em sair das redes sociais, como Twitter e Instagram, mas não o fez porque elas são importantes para fins profissionais.

Igualmente horrorizada, Jennifer se recusou a pedir desculpas por manter suas fotos íntimas no computador e atacou os hackers que roubaram as imagens durante uma entrevista emocionada que foi capa da revista *Vanity Fair* em novembro de 2014. Falando sobre o incidente do roubo das fotos pela primeira vez, Jennifer disse: "Não é um escândalo. É um crime sexual. É uma violação sexual. É nojento. A lei precisa mudar e nós precisamos mudar."

Ela também defendeu a mudança nas leis para que os responsáveis por qualquer violação de privacidade possam ser processados como todos os outros criminosos sexuais, incluindo estupradores e pedófilos e acrescentando que todos os que viram as imagens explícitas deveriam "se esconder de vergonha".

Contudo, a fúria se transformou em tristeza quando ela explicou que tirou as fotos íntimas para o namorado da época e, embora não tenha citado nomes na entrevista, acredita-se que seja o ator Nicholas Hoult, pois eles passaram boa parte do relacionamento separados devido a conflitos na agenda de gravações.

O casal se conheceu em 2011, quando trabalhava em *X-Men: Dias de um futuro esquecido,* e Jennifer comentou em outra entrevista que eles gostavam de ter um relacionamento à distância porque conseguiam manter a própria independência.

"Eu estava em um relacionamento afetuoso, saudável e ótimo por quatro anos", contou ela à *Vanity Fair* em novembro de 2014. "Era à distância, então, ou o seu namorado vai assistir a pornografia ou vai ver você."

Jennifer também admitiu que estava bastante preocupada com o potencial efeito do vazamento em suas oportunidades profissionais justamente quando ela havia alcançado o estrelato: "Eu estava com muito medo. Não sabia como isso afetaria a minha carreira. Só porque eu sou uma figura pública e sou atriz não significa que eu pedi isso", reclamou ela. "Não consigo entender. Não consigo imaginar uma pessoa se distanciar tanto de seu lado humano. Isso não significa que sejam ossos do ofício. É o meu corpo, deveria ser a minha escolha, e o fato de não ser minha escolha é absolutamente nojento. Não acredito que vivemos nesse tipo de mundo."

Quando as fotos vazaram pela Internet, Jennifer lembrou que tentou escrever um comunicado, mas foi difícil encontrar as palavras certas. "Tudo o que eu tentava escrever me fazia chorar ou ficar com raiva. Comecei a fazer um pedido de desculpas, mas não tenho nada do que me desculpar", explicou ela à *Vanity Fair.*

"O simples fato de que alguém pode ser explorado sexualmente, violado, e a primeira coisa que passa pela cabeça de uma pessoa é lucrar com isso, não consigo entender. Até gente que conheço e amo veio me dizer: 'Ah, sim, eu vi as fotos.' Não quero ficar com raiva, mas ao mesmo tempo eu penso: 'Não falei que você podia me ver nua.'"

Outra consequência importante foi a necessidade de contar ao pai que imagens dela sem roupa estavam disponíveis para serem vistas por milhões de pessoas na Internet. Felizmente, a reação de Gary à notícia foi muito melhor do que Jennifer esperava.

Ela explicou: "Não importa o quanto ganho por *Jogos Vorazes*. Juro, se qualquer um pudesse escolher entre esse tipo de dinheiro ou ter que dar um telefonema para contar algo assim ao seu pai... Não vale a pena."

A atriz Jennifer Garner também sugeriu que as pessoas que viram as fotos tinham culpa não só pela simples curiosidade. Falando à revista *Loaded* pouco depois do vazamento, ela comentou: "É uma invasão. É agressivo. É um abuso tão violento contra as mulheres que me dá vontade de machucar alguém."

Um dia após o vazamento ter virado manchete no mundo inteiro, a pessoa que anonimamente postara as fotos e estava por trás do escândalo falou pela primeira vez, dizendo-se decepcionado com o pouco dinheiro que conseguiu com essa ação controversa.

Publicando no *4chan* com a mesma IM (identificação para receber mensagens instantâneas) de quem publicou as fotos de Jennifer, ele escreveu: "Não peguei o dinheiro e fugi. A merda ficou estranha depois que comecei a publicar algumas amostras. As pessoas querem tudo de graça. Sim, eu recebi 120 dólares no meu endereço de bitcoin [um tipo de moeda digital], mas quando levo em conta o tempo que gastei conseguindo isso (não sou o hacker, mas apenas um colecionador) e o dinheiro investido (também paguei muito via bitcoin para conseguir determinados grupos de imagens que estavam sendo negociados em particular na sexta e no sábado), realmente não cheguei nem perto do que estava esperando."

Ele continuou alegando ter vídeos de Jennifer e disse que aceitaria doações via PayPal de quem desejasse ver o breve filme, acrescentando: "Sei que ninguém vai acreditar em mim, mas tenho um videozinho da Lawrence. É muito curto, tem pouco mais de dois minutos e só dá para ver os peitos dela. De qualquer modo, se alguém quiser é só me dizer que eu passo anonimamente (não quero o FBI atrás de mim e você não quer saber como eu consegui esse vídeo)."

Os supostos hackers alegaram ter roubado as imagens do serviço Compartilhamento de Fotos do iCloud, que sincroniza automaticamente as fotos do iPhone com todos os outros computadores e tablets do usuário e armazena tudo na Internet, gerando dúvidas sobre o a segurança do o sistema protegido por senha.

Acreditava-se que o hacker poderia ter obtido o acesso simplesmente adivinhando as senhas das celebridades ou reconfigurando as contas no iCloud acessando a conta de e-mail e respondendo às perguntas de segurança exigidas pelo sistema.

Brian Hamade, o homem por trás do popularíssimo fórum on-line *Reddit* e suspeito de ter realizado um ataque anterior ao iCloud, foi obrigado a negar a responsabilidade pelo vazamento das fotos íntimas de atrizes: "Não fui o primeiro a vazar. O verdadeiro cara está no *4chan* publicando aos poucos", contou Hamade ao *Daily Mail*.

O *Reddit* esteva entre os sites que espalharam as fotos íntimas de várias estrelas, incluindo Jennifer e a ginasta medalhista de ouro nas Olimpíadas McKayla Maroney, cuja foto foi tirada quando era menor de idade. Embora o *Reddit* tenha retirado as publicações do ar após ser fortemente pressionado pelas celebridades e seus advogados, o site manteve vários outros fóruns que mostravam fotos comprometedoras roubadas de gente comum, a maioria mulheres e diversas ex-namoradas de assinantes do site revoltados com o fim do relacionamento. Os administradores foram duramente criticados por ter uma regra para celebridades e outra para pessoas normais.

Após alguns meses a empresa cedeu às pressões e decidiu ser um pouco mais proativa e agiu contra as fotos não autorizadas, independente de serem de gente famosa ou não. O *Reddit* jurou tomar medidas drásticas contra a publicação não autorizada de nudes. A promessa foi feita em uma grande publicação no blog sobre as mudanças administrativas planejadas para o site. Sob a nova política proposta por eles, o *Reddit* apagaria as fotos sensuais, ousadas e comprometedoras se alguém na foto reclamasse que a imagem fora publicada sem permissão. "Ano passado nós perdemos a oportunidade de sermos líderes nas redes sociais quando se trata de proteger a sua privacidade, algo que nos preocupa muito desde o surgimento do *Reddit*", dizia o texto. "Na última reunião geral, isso foi algo que todos nós, como empresa, decidimos que precisávamos discutir. Não importa quem você é, se uma fotografia, vídeo ou imagem digital em que você esteja em um estado de nudez, excitação sexual ou envolvido em qualquer ato ou conduta sexual for publicado(a) ou linkado(a) no *Reddit* sem a sua permissão, será proibido no *Reddit*."

O texto evidentemente se referia ao megavazamento de fotos íntimas roubadas das contas do iCloud, depois conhecido como "The Fappening"[2], uma forma popular de descrever a invasão.

Obviamente houve quem não sentisse pena das celebridades envergonhadas pelos vazamentos, e alguns até sugeriram que elas nunca deveriam ter tirado fotos tão explícitas, para começo de conversa.

Em uma tentativa de promover a segurança das senhas, a Universidade Strathclyde criou um pôster dizendo: "Aposto que Jennifer Lawrence gostaria de ter usado uma S3nH@_F0Rt3%." A imagem gerou várias críticas nas redes sociais acusando a universidade situada em Glasgow de "culpar a vítima". Uma imagem do pôster fui tuitada por outro estudante, que reclamou: "É assustadora a maneira como estão culpando a vítima aqui. Vocês poderiam tirar isso?"

As reclamações foram logo atendidas, e a Universidade Strathclyde admitiu que o pôster não devia ter sido feito, tuitando: "Os pôsteres estão sendo retirados. Eles não deveriam ter sido produzidos e estamos investigando como isso aconteceu."

Um porta-voz da universidade também disse: "Os pôsteres são de mau gosto e foram retirados do campus. O sentimento expresso nele não está de acordo com os valores desta universidade."

Poucas horas depois que as fotos roubadas de celebridades chegaram ao conhecimento do público, foram dados os primeiros passos para analisar como a lei poderia tratar este furto, e Jennifer se viu no centro de debates políticos importantes. O Comitê Consultivo para a Comissão de Internet do Congresso Norte-Americano fez uma reunião para discutir o assunto, chamada "Fotos de Jennifer Lawrence roubadas por hackers: um 'crime sexual'? Fundamentos jurídicos sobre imagens particulares expostas digitalmente e o que o Congresso precisa saber."

Entre os oradores influentes desta reunião estavam Mary Anne Franks, professora adjunta de direito na Faculdade de Direito da Universidade de Miami, e Emma Llansó, diretora do Projeto de Livre Expressão no Centro para a Democracia & Tecnologia.

[2] Trocadilho em inglês com as palavras "happening" (acontecimento) e "fap" (gíria para masturbação masculina). (N. do T.)

O comitê fez uma pergunta muito importante: "Que tipo de recurso jurídico Jennifer Lawrence ou uma cidadã americana como você tem contra hackers e sites que espalham estas fotos?"

O objetivo era analisar exatamente as expectativas contemporâneas de privacidade no reino da fotografia digital, da pornografia de vingança e das chamadas "fotos por baixo da saia" tiradas por paparazzi invasivos à luz do dia. O comitê discutiu a alegação de que existem incidentes envolvendo fotos roubadas de mulheres quase diariamente. Naquele mesmo dia foi descoberto que um policial da Califórnia tinha roubado fotos particulares do telefone de uma mulher que ele tinha prendido, prática supostamente descrita como "um jogo".

Porém, o comitê não é uma instituição governamental: trata-se de uma organização do setor privado que reúne os representantes de todas as partes interessadas, de empresas a grupos particulares. O objetivo é tanto debater quanto garantir que os integrantes da Comissão de Internet do Congresso e os congressistas em geral entendam as questões sobre as quais podem ter de votar em algum momento do mandato. O comitê usou a hashtag do Twitter #exposedphotos (#fotosexpostas) a fim de chamar a atenção do mundo para o evento.

Embora o debate tenha sido longo e detalhado, o problema de toda legislação relacionada à Internet é que a tecnologia sempre anda mais rápido que a legislação: faça uma lei contra um tipo de atividade e logo alguém vai encontrar outra forma de fazer o que quer.

Especialistas em tecnologia disseram na época que o uso de senhas fracas deu aos hackers a oportunidade de acessar fotos particulares devido a uma falha técnica. A Apple concordou em investigar o escândalo após várias senhas de celebridades de primeiro escalão terem sido roubadas por um software invasor altamente sofisticado.

Logo após o vazamento, uma parte fundamental de código de programação que adivinhava senhas foi encontrada na Internet. O script foi publicado pelo site de tecnologia *GitHub*, mas logo apareceu uma mensagem dizendo que a Apple tinha feito algumas atualizações para eliminar a falha. De acordo com a publicação, o script usava as quinhentas senhas mais comuns aprovadas pela Apple para tentar obter acesso às contas. Se conseguisse, o hacker teria acesso total às contas do iCloud e consequentemente às fotos armazenadas lá.

Segundo Owen Williams, do site de tecnologia *The Next Web*, que descobriu a falha, "o script Python encontrado no *GitHub* parece ter permitido que um usuário mal-intencionado tentasse repetidamente adivinhar senhas no serviço Buscar meu iPhone da Apple sem alertar o usuário ou localizar o invasor.

"Com paciência, se a suposta brecha ficasse aberta por tempo suficiente, o invasor podia usar dicionários para adivinhar rapidamente as senhas mais comuns. Muitos usuários escolhem uma senha simples e a utilizam em vários serviços, então é realmente possível adivinhar senhas usando uma ferramenta como essa. Se o invasor tiver sucesso e conseguir acertar as senhas comparando o dicionário com as senhas do Buscar meu iPhone, em tese ele conseguiria usar isso para se conectar ao iCloud e sincronizar o Meu Compartilhamento de Fotos do serviço com outro Mac ou iPhone em poucos minutos, sem o conhecimento do usuário invadido. Não há como termos certeza se isso está relacionado às fotos vazadas, mas o momento sugere uma possível correlação."

A Apple não comentou esse incidente, mas especialistas apontaram as fraquezas de várias senhas na Internet e a falta de conhecimento básico sobre segurança por parte dos usuários como as responsáveis pelo vasto ataque ao iCloud, serviço de armazenamento sem fio da Apple que pode ser usado para acessar arquivos remotamente.

Outros serviços parecidos são o Dropbox e o Google Drive, que permitem aos usuários manter seus arquivos à mão sem precisar ocupar muito espaço em seus dispositivos.

Para Rob Cotton, CEO da consultoria de segurança em TI NCC Group, "A segurança de informações não é apenas um problema tecnológico. As pessoas são fundamentais para que isso aconteça. Em nosso trabalho vemos diariamente muitos casos de funcionários divulgando informações delicadas sem antes verificar a legitimidade do pedido. As pessoas costumam culpar a tecnologia quando são vítimas de hackers, mas a escolha de senhas inadequadas ou ações ingênuas diante de um e-mail aparentemente inocente costumam ser os verdadeiros culpados."

Ele acrescentou que o erro humano também influencia nisso.

Stefano Ortolani, que pesquisa sobre segurança na empresa especializada Kaspersky Lab, acrescentou: "Para deixar seus dados particulares ainda mais seguros, você deve escolher a dedo o que guarda na nuvem, além de conhecer e controlar a configuração que faz esses dados saírem automaticamente do seu dispositivo. O iCloud, por exemplo, tem um recurso chamado Meu Compartilhamento de Fotos, que sobe as novas imagens para a nuvem assim que o dispositivo é conectado ao wi-fi. Isso é feito para sincronizar as fotos em todos os dispositivos. Desabilitar essa opção pode ser um bom ponto de partida para obter mais controle sobre os seus arquivos."

Mesmo com a segurança da nuvem passando por uma investigação profunda, Ortolani destaca que sempre houve algum elemento de risco nisso: "A segurança de um serviço de nuvem depende do fornecedor. Contudo, é importante levar em conta que ao entregar qualquer dado a um serviço terceirizado, incluindo fotos, você precisa saber que automaticamente perde um pouco de controle sobre eles. Isso também acontece quando você faz o upload de algo na Internet."

Poucas semanas após o escândalo, um suposto ex-namorado de Jennifer admitiu ser hacker. Brad Jackson, que alegou ter namorado Jennifer quando eles eram pré-adolescentes em Louisville, fez a revelação em uma conversa com o *Sun on Sunday* sobre a violação de privacidade sofrida pela atriz: "Ela é tipo de pessoa que teria mandado uma foto sem roupa, mas preferia decidir isso sozinha. O fato de um hacker ter feito isso [vazado as fotos] foi uma merda, mas essa é a área em que eu atuo."

O bacharel em tecnologia de informação disse ter visto a tela do computador de um homem que alegava ser o responsável pelo acesso não autorizado às fotografias particulares de Lawrence. Jackson também alegou não ser um hacker "do mal", como os que trabalham para o *4chan*, mas se sente atraído pela perspectiva de lucro.

"Fico muito tentado a ir para o lado ilegal e ganhar mais dinheiro", disse ele ao jornal.

Jennifer declarou que não pode deixar a felicidade dela depender de os responsáveis serem levados à justiça, pois muito provavelmente isso nunca vai acontecer, acrescentando que só precisa ter paz interior.

Como já foi discutido, acreditava-se que Jennifer tinha feito as fotos íntimas para mandar ao então namorado Nicholas Hoult. O ator britânico foi questionado sobre o vazamento quando falava com o programa de TV *Good Day New York* sobre um de seus filmes, *Os mais jovens*.

"É chocante que algo assim aconteça. É uma vergonha", criticou ele.

O escândalo virou material farto para humoristas que chegaram a sugerir que para evitar tudo isso bastava não tirar fotos tão explicitas. Ricky Gervais foi obrigado a pedir desculpas públicas após escrever no Twitter: "Celebridades, dificultem a vida dos hackers que querem fotos suas sem roupa não colocando essas fotos no seu computador."

Até o desenho animado satírico *South Park* fez piada com a situação de Jennifer, Josh Hutcherson, colega dela em *Jogos Vorazes* foi um dos que correram para defendê-la, dizendo: "Acho tudo isso ridículo. Também somos pessoas, cara, só queremos viver. Queremos ser gente normal, isso não é justo. Acho que cada um tem a própria forma de superar. É algo que, obviamente, você não deseja que aconteça e é realmente uma pena que isso aconteça. Odeio a forma pela qual o mundo vê esse tipo de questão."

Segundo o ator, ele e Jennifer costumavam falar sobre como a fama repentina tinha mudado todos os aspectos da vida deles: "Como Jen e eu sempre falamos, as pessoas dizem: 'Bom, você escolheu ser ator, então vai ter de lidar com esse tipo de coisa.' Na verdade, não. Eu comecei aos 9 anos de idade. Ela começou aos, sei lá, aos 12. Não escolhemos esse escândalo público. Então, o fato de ser bom no que faço e ter essa carreira significa que também preciso sofrer com isso?"

A atriz Sigourney Weaver também elogiou a dignidade com que Jennifer enfrentou a humilhação causada pelo vazamento e se solidarizou com o fato de a colega ser obrigada a conviver com tanta exposição: "Não há como fugir agora", comentou a estrela de *Alien*. "É algo que os atores precisam aprender a combater, pois não é bom para ninguém ter a privacidade invadida desse jeito. Jennifer é brilhante. Precisa ser deixada em paz, mas eu sou praticamente uma avó", disse Sigourney ao jornal *The Sunday Times*.

Natalie Dormer, que estrelou os dois últimos filmes de *Jogos Vorazes* ao lado de Jennifer, também apoiou a colega de elenco: "O que Jen passou há pouco tempo foi simplesmente horrível", disse ela à revista *Nylon*. "E não acho que haja qualquer nível de fama capaz de justificar esse tipo de invasão de privacidade, sem contar as leis que foram violadas. A pessoas precisam tomar vergonha na cara se acham que isso é minimamente aceitável."

O astro de *Homem-Aranha,* Andrew Garfield, também apoiou Jennifer, chamando os hackers que roubaram as fotos e as publicaram na Internet de misóginos: "É nojento. Não tenho o direito ao seu corpo nu ou às imagens que você mandou ao seu marido ou namorado. É nojento, violento e misógino, além de revoltante e outro exemplo do que essa distância [causada pela Internet] permite que a gente faça. Ela nos afasta", criticou ele em entrevista ao *The Daily Beast*, continuando: "Há muitas coisas horríveis a caminho e espero que cheguemos ao ponto de dizer 'Isso precisa mudar.' O assustador é que ainda não chegamos nesse ponto e não foi feito um referendo sobre isso."

Enquanto isso, Jennifer foi obrigada a criticar a atitude do famoso blogueiro Perez Hilton, que inicialmente publicou as imagens sem censura, depois apagou tudo de seu blog com grande número de leitores e enviou um pedido de desculpas pessoal a Jennifer.

"[Perez] as retirou do blog porque as pessoas ficaram furiosas, esse foi o único motivo", disparou ela. "Aí eu tive que ver o pedido de desculpas dele, que basicamente dizia: 'Fiz sem pensar.' Isso não é uma desculpa, é o problema em si."

Perez depois admitiu ter "cometido um erro" ao publicar as imagens íntimas da atriz em seu site e alegou que não queria fazer mal a ninguém com seu trabalho. Quando perguntaram o motivo da inesperada mudança de opinião, ele disse: "Vejo os erros como oportunidades de aprendizado. Cometi um erro e em vez de não fazer nada, decidi não publicar mais nenhuma foto desse tipo e realmente não publiquei."

Sobre o pedido de desculpas que fez a Jennifer, ele acrescentou: "Estou tentando agir melhor e ser melhor há quatro anos. Não sou perfeito e nem estou tentando ser, mas isso é um processo contínuo, uma jornada."

Enquanto isso, Jennifer ficou ainda mais arrasada quando soube que algumas das fotos íntimas de celebridades poderiam ser apresentadas em uma exposição feita por uma galeria de arte nos EUA. Um artista então anônimo e conhecido apenas como XVALA, cujo nome real é Jeff Hamilton, pretendia usar as imagens como parte da obra intitulada "No Delete" (Sem Apagar, em tradução livre) na Cory Allen Art Gallery em São Petersburgo, Flórida.

Ao ser questionado sobre a polêmica exposição, o ator Andrew Garfield reagiu com raiva: "A Internet é o novo faroeste. Tem um cara agora pegando essas fotos e colocando em uma galeria de arte. Que direito ele tem de fazer isso? É absolutamente revoltante."

Porém, após a reação do público e a pressão de um abaixo-assinado, o artista mudou de ideia. XVALA decidiu não exibir imagens vazadas de celebridades em tamanho natural e inalteradas. Ele preferiu que a exposição mostrasse fotos em tamanho natural do próprio artista nu, tiradas por ele mesmo: "Não era só uma questão de serem imagens 'hackeadas' e agora apresentadas nos meios de comunicação como propriedade roubada", declarou XVALA ao *E! News*. "As pessoas se identificaram muito mais com a vitimização de Jennifer Lawrence e Kate Upton do que eu imaginei, o que foi incrivelmente persuasivo."

Cory Allen, o dono da galeria acrescentou: "Foi inspirador ver as pessoas agirem por meio de um abaixo-assinado, colocando o nome e não só comentando na Internet."

Alguns dias antes, tanto Allen quanto XVALA haviam prometido fazer a exposição apesar da revolta pública, alegando que as imagens eram "arte", mas depois falaram que o objetivo de conscientizar o público tinha sido alcançado e se dispuseram a cancelar a exposição e seguir em frente: "Esse conceito sempre foi uma questão de autocrítica na nossa cultura atual", explicou XVALA. "Por que sentimos a necessidade de saber e cruzar as linhas da 'privacidade' de outros indivíduos?"

Jennifer ficou exultante quando o Google concordou em retirar os links para as fotos íntimas dela do site de busca. Advogados representando várias celebridades que tiveram fotos divulgadas pelos hackers entraram em contato com a empresa, mas segundo o jornal *Guardian*, a decisão foi tomada em uma tentativa de frear os vários processos abertos contra a gigante da tecnologia. "O Google sofreu a pressão de vários advogados atuando em nome de celebridades cujas fotos haviam sido roubadas", alegou o jornal. "O principal advogado especializado em entretenimento do mercado, Martin Singer, escreveu para o Google exigindo que a empresa pagasse pelo 'comportamento flagrantemente antiético' e ameaçando processar o site de busca em cem milhões de dólares."

A firma de Singer, a Lavely & Singer P.C, fica em Los Angeles e representa mais de uma dúzia das mulheres afetadas, além de atores como John Travolta e Charlie Sheen. A Lavely & Singer escreveu para vários sites e provedores de acesso à Internet, exigindo que as imagens fossem retiradas em concordância com o Digital Millenium Copyright Act (DMCA).

Repetindo a declaração de outubro de 2014, o Google disse: "Retiramos dezenas de milhares de imagens poucas horas após os pedidos serem feitos e fechamos centenas de contas. A Internet é usada para muitas coisas boas, e roubar as fotos particulares das pessoas não é uma delas."

O Google retirou dois links para um site que hospedava as fotos roubadas de Jennifer, atendendo aos pedidos dos advogados da atriz, que se basearam no DMCA e alegaram que as fotos roubadas violavam os direitos autorais da cliente. O DMCA rege o uso de material com direitos autorais e costuma ser usado no caso de programas de TV, filmes e música pirateados, em processos exigindo que os sites retirem "rapidamente" as imagens ilegais de seus servidores.

O site removido do Google mudou de domínio, o que o fez ser reindexado e reaparecer nos resultados de busca com outro endereço. O aviso de retirada não listava o novo domínio, então, foi preciso fazer outra solicitação para removê-lo dos resultados das buscas.

O site visado pelos advogados de Jennifer alegou que retiraria as fotos roubadas caso fosse solicitado.

Todo o desastre das fotos roubadas fez Jennifer ter mais medo do que nunca de usar a Internet, evitando qualquer site de redes sociais, ao contrário da maioria das celebridades de sua geração. "Jamais terei uma conta no Twitter", esclareceu ela em uma entrevista ao DJ da Radio 1, Nick Grimshaw: "Não sou muito boa para mexer com celular ou tecnologia. Não consigo acompanhar meus e-mails, então, a ideia do Twitter é impensável para mim. Eu realmente não entendo. É como se fosse um enigma estranho do qual as pessoas falam. Tudo bem, eu respeito, mas não, nunca terei uma conta no Twitter. Se você encontrar um perfil supostamente meu no Facebook, Instagram ou Twitter, certamente não é verdadeiro. Eu sou, tipo, muito concentrada nisso. A Internet me fez tão mal que é como se fosse aquela garota no ensino médio que me faz pensar 'Ah, você quer falar sobre ela? Então tá. Vou deixar minha dignidade de lado, e estou pronta.' Nada disso me interessa, nunca me interessou. Estou sempre com centenas de e-mails atrasados. Tenho 112 e-mails não lidos", acrescentou ela, segurando o celular. "Não quero que ninguém fale comigo, nunca."

Jennifer estava longe de ser a única a ficar horrorizada com o vazamento. A ex-estrela de *Harry Potter,* Emma Watson, disse em março de 2015 que também ficou "furiosa" quando um site falso ameaçou publicar suas fotos íntimas na Internet. Segundo a estrela e Embaixatrîz da ONU para as Mulheres, o site a utilizou como alvo após ter defendido os direitos das mulheres.

Ela comentou: "Depois que fiz o discurso [na ONU], houve um site ameaçando publicar imagens supostamente íntimas minhas. Sabia que era mentira e essas fotos não existiam, mas pensei que muita gente próxima a mim tinha consciência que a igualdade de gêneros era um problema, mas não achava tão urgente assim, pensavam que era coisa do passado. Aí, quando viram que foi só eu falar sobre os direitos da mulher para ser ameaçada, muitos ficaram realmente chocados. O meu irmão ficou particularmente chateado. Isso é algo real e está acontecendo agora, as mulheres estão recebendo ameaças. Fiquei furiosa, com muita raiva mesmo, mas é por isso que preciso continuar esse trabalho. Na verdade, se eles estavam tentando me desanimar, fizeram o oposto."

Em setembro de 2014, uma página chamada "Emma You Are Next" (Emma, Você é a Próxima), que mostrava uma imagem da atriz perto de um relógio em contagem regressiva, parece ter sido criada por um usuário do site *4chan,* no qual as fotos íntimas de Jennifer Lawrence haviam sido publicadas.

Meses depois, ficou claro que o "The Fappening" mudou significativamente a forma pela qual os britânicos mandam mensagens de texto mais ousadas, mas não mudou a quantidade de pessoas que o fazem, de acordo com uma pesquisa divulgada em março de 2015. Três quartos dos homens e mulheres do Reino Unido aparentemente mudaram o hábito de fazer *sexting*[3] e várias pessoas passaram a tomar mais cuidado com a segurança após o escândalo das fotos íntimas de famosos que vazaram na Internet.

Em âmbito mundial, a quantidade de homens que mandou mensagens eróticas de texto aumentou 2,5 por cento em 2014, enquanto o número de mulheres fazendo o mesmo teve uma queda de nove por cento. Dessas, 72 por cento disseram que estavam mandando e armazenando as mensagens de modo mais seguro, enquanto 68 por cento dos homens disseram que estavam mudando de hábitos. O principal alvo do "Fappening" foram jovens celebridades do sexo feminino, suscitando uma fervorosa discussão sobre privacidade e segurança na Internet.

A pesquisa intitulada "Apps and Appetites" (Apps e apetites) também descobriu que uma em cada quatro pessoas (26 por cento dos homens e 22 por

---

[3] Mandar mensagens eróticas pelo celular. (N. do T.)

cento das mulheres) não tinha mudado de hábitos, apesar da violação de dados ter sido amplamente divulgada.

Quase 75 mil pessoas de todo o mundo responderam à pesquisa feita pelo site de casos extraconjugais *AshleyMadison.com* para investigar como o comportamento sexual foi afetado pelos avanços tecnológicos.

"A tecnologia revolucionou vários aspectos do nosso dia a dia, incluindo a infidelidade. Por isso, não é de surpreender que tenha ocorrido uma mudança de hábitos em reposta a essas sérias violações de privacidade", comentou o porta-voz Christoph Kraemer.

Mas a pesquisa também descobriu que dois terços dos homens e das mulheres ainda faziam *sexting* com a mesma frequência e, apesar do escândalo na Internet, houve um aumento geral da prática em 2014.

Em âmbito global, mais homens (87,2 por cento) que mulheres (79,6 por cento) dizem mandar mensagens eróticas pelo celular, mas no Reino Unido a prática foi admitida por um número dez por cento menor de mulheres, enquanto os britânicos mantêm proporção similar à mundial. Quase metade dos participantes também admitiu mandar mensagens eróticas no trabalho, enquanto 46 por cento dos homens (um aumento de 2,5 por cento) e quarenta por cento das mulheres (aumento de 7,5 por cento) confessaram que enviam mensagens eróticas no horário do expediente.

A polícia continuou por vários meses a caçada pelos responsáveis por envergonhar tantas celebridades. Em junho de 2015, agentes do FBI em Chicago invadiram a casa de Emilio Herrera, cujo endereço IP foi supostamente usado para invadir outras quinhentas contas do iCloud, incluindo a de Jennifer.

O agente especial Josh Sedowsky escreveu em documentos oficiais do FBI: "Com base nos registros das vítimas obtidos com a Apple, um ou mais computadores da casa de Herrera acessou ou tentou acessar sem autorização várias contas de e-mail e iCloud de celebridades ao longo de vários meses." Além de Jennifer, os documentos listavam como vítimas as atrizes Christina Hendricks, Olivia Wilde e Amber Heard.

Apesar disso, até o momento em que este livro foi escrito, Herrera não tinha sido acusado de qualquer crime, e Jennifer se recusou a comentar o assunto. Ela já havia deixado bem claro o que sentia sobre tudo isso com a dignidade e franqueza de sempre.

CAPÍTULO OITO

UMA ESTRELA POP EM FORMAÇÃO

Uma característica que Jennifer e o vocalista do Coldplay, Chris Martin, têm em comum é o amor pela música. Por isso, não foi coincidência que o romance dos dois tenha começado a florescer assim que ela gravou o primeiro single, a pungente canção folk "The Hanging Tree", para a trilha sonora de *Jogos Vorazes: A esperança — Parte 1*.

Para vários atores, o momento em que a última parte de uma franquia chega aos cinemas pode ser uma fase difícil na carreira, pois surge a dúvida se eles conseguirão manter o sucesso inicial.

Quando as estrelas de *Harry Potter*, Daniel Radcliffe e Emma Watson, ou os de *Crepúsculo,* Kristen Stewart e Robert Pattinson, terminaram as séries de *blockbusters* que os transformaram em celebridades de primeira grandeza, eles precisavam provar a Hollywood que eram mais do que os beneficiários sortudos de papéis nos quais era impossível errar. Além disso, tiveram que lutar para serem levados a sério como adultos e não serem escalados para os mesmos papéis de sempre.

Jennifer, contudo, não teve esse problema graças às atuações consistentes em vários filmes, como *X-Men*, *Trapaça* e *O lado bom da vida*, e também por ter revelado um talento musical que não era conhecido até então. Além de se arriscar em filmes de ação, comédias e dramas, ela também foi esperta o bastante para tentar outras opções e ficar de olho no mundo da música após a sua estreia na área ter sido um sucesso mundial.

"The Hanging Tree" chegou ao 12º lugar na lista das cem mais tocadas da revista norte-americana *Billboard*, somando mais de duzentos mil downloads nos primeiros dias. A música chegou a vender 1,1 milhão de cópias, e Jennifer também ficou entre as vinte mais nas paradas do Reino Unido.

No filme, a personagem Katniss Everdeen canta a música que aprendeu com o pai. A interpretação da canção, triste e meio blues, virou um chamado para a batalha entre os integrantes da rebelião nos Distritos e foi considerada uma das cenas mais emocionantes de *Jogos Vorazes: A esperança — Parte 1*.

A canção, que também aparece na trilha sonora oficial do filme, foi composta por Jeremiah Fraites e Wesley Schultz do grupo The Lumineers, com letra da autora de *Jogos Vorazes*, Suzanne Collins. Schulz disse à *Billboard* que o diretor Francis Lawrence, de *A Esperança*, recomendou que a música fosse "algo capaz de ser murmurado ou cantado por uma pessoa [ou] mil" e não podia ser "complicada demais."

Ele acrescentou: "Era para ser quase uma canção infantil. Inocente, apesar do tom bastante sombrio."

Schultz e Fraites mandaram várias melodias em setembro de 2013 e Schultz se lembra de quando os produtores escolheram uma, dizendo: "Essa parece promissora, vamos fechar."

Mesmo assim, a dupla ainda não tinha certeza se a melodia deles seria usada em um filme tão grande e imaginaram que haveria outros compositores bem mais famosos na disputa: "Provavelmente muita gente estava tentando compor uma melodia. Acho que a nossa esperança não estava nas alturas."

Apesar da falta de confiança, a música mobilizou o público, que baixou "The Hanging Tree" em peso.

"Francis Lawrence foi quem me avisou que a música entraria [oficialmente no filme]", acrescentou Schultz. "Ele mandou uma mensagem pelo celular, dizendo: 'Funcionou maravilhosamente bem no filme. Acabamos de fazer a cena. Jen ficou muito nervosa, mas foi ótimo.'"

Jennifer de repente se viu subindo nas paradas, logo atrás de nomes como Taylor Swift, que chagava ao primeiro lugar pela terceira semana consecutiva com a música "Blank Space", e Maroon 5, que estava no quinto lugar com "Animals".

"The Hanging Tree" superou até o single pop oficial do filme, "Yellow Flicker Beat", da cantora Lorde. E, segundo a *Billboard*, Jennifer foi a 13ª vencedora do Oscar a conseguir um lugar nas paradas, dividindo a honra com astros consagrados como Bing Crosby, Julie Andrews, Cher, Jamie Foxx, Meryl Streep e Jennifer Hudson.

"The Hanging Tree" também chegou às paradas musicais do Reino Unido e alcançou a oitava posição na contagem de meio da semana do iTunes, mesmo sem ter sido oficialmente lançada como single àquela altura.

Jennifer ficou extremamente surpresa quando soube que tinha derrotado "Lips Are Moving" da Meghan Trainor, a colaboração entre Jessie J, Ariana Grande e Nicki Minaj chamada "Bang Bang" e "7/11" da Beyoncé. O fato de a música ter sido listada na parada foi um choque imenso para a atriz, que antes de gravar a cena cantando desabou em lágrimas porque estava apavorada.

Francis Lawrence explicou à revista *Radio Times*: "Ela ficou apavorada por ter que cantar. Chorou um pouco de manhã [antes da cena]. Jennifer provavelmente vai dizer que foi o dia no qual ela menos gostou de estar no set. E provavelmente nunca vai entender o que aconteceu, pois não gosta de cantar, mas ela foi lá e cantou o dia inteiro. E me odiou por fazer com que ela cantasse o dia inteiro, mas ela fez e ficou ótimo."

Jennifer estava tão nervosa antes da apresentação que se recusou até a mostrar a voz nos ensaios. O diretor continuou: "Tínhamos uma professora de canto, que ajustou o tom para a voz da Jen e começou a trabalhar com ela poucas vezes. Jen não estava muito disposta a fazer esse treinamento e fiquei preocupado. Pensei que precisaríamos fazer uma série de ajustes de tom, mas ela cantou muito bem. O que se ouve no filme é o que ela fez aquele dia, na pedreira."

O filme, terceira parte da bem-sucedida série de fantasia *Jogos Vorazes*, foi direto para o topo da bilheteria norte-americana assim que lançado, em novembro de 2014, com uma arrecadação inicial de mais de 122 milhões de dólares e também teve boa recepção no Reino Unido, conseguindo mais de 12 milhões de libras nos primeiros dias de exibição.

Aparentemente Jennifer ficou marcada por uma experiência na infância em que a mãe, tentando dar apoio, estimulou a filha a cantar na frente da escola inteira. De acordo com Jennifer, a apresentação foi um vexame completo. Ela tinha apenas 8 anos de idade quando cantou "Have a Holly, Jolly Christmas" e depois admitiu que até o pai riu por vários dias da interpretação feita por ela dessa grudenta música natalina.

Por isso, quando descobriu que a personagem Katniss precisaria cantar no filme, Jennifer aparentemente caiu em lágrimas ao se lembrar da última vez que cantara na frente de um público. Embora ela se recusasse até a ouvir a canção que gravou, relembrou sem problemas a "traumática" história de ter que cantar na frente do elenco e da equipe.

Em uma entrevista ao programa de David Letterman, ela explicou: "Não gosto de cantar na frente dos outros. É o meu maior medo. Eu chorei no set. Cantei 'The Hanging Tree' ('A Árvore-Forca', como é chamada nos livros) e me senti indo para lá."

Ela já admitiu várias vezes em entrevistas que cantar no filme foi a coisa mais intimidante que já fez. "Não suporto cantar. A ideia de cantar na frente dos outros é o meu maior medo. Chorei no dia em que eu fiz isso", contou ela ao *HitFix*. "Eu tremia e pensava: 'Quero a minha mãe.' Nunca ouvi a música. Quando a cena começa, eu tapo os ouvidos. Chorei no set aquele dia e parece que estou chorando o tempo todo. Tenho um trauma de infância. Minha mãe é sulista e dizia que eu era incrível em tudo, que eu podia fazer tudo, mas não posso."

Jennifer também contou ao *New York Times* que sempre classificou a própria voz como "Amy Winehouse desafinada", acrescentando: "Acho que pareço um eremita. Um eremita de voz grave e que fuma muito."

Quando perguntaram sobre o assunto no *Saturday Night Live*, ela respondeu que, cantando, parecia "um cervo que ficou preso em uma cerca".

Apesar disso, Francis Lawrence defendeu o talento de sua protagonista: "Houve poucas vezes em que Jen ficou nervosa com algo nas filmagens, e cantar foi um desses momentos. Sei que ela não gostava da ideia de cantar, mas não percebi o quanto Jen estava nervosa até começar a primeira cena e ela chorar. Ela não ficou totalmente arrasada, mas não estava feliz. Não precisei convencê-la a fazer isso, ela fez. Jen sabia que fazia parte do trabalho, mas não estava feliz com isso. 'Ah, cara, eu realmente tenho de cantar! Na frente de 150 pessoas!' Claro que ela preferia que tivéssemos usado a voz de outra pessoa. Acho até que mencionou o nome da Lorde! Mas veja, a cereja no bolo de tudo isso é que não era para Jen cantar como uma profissional. Deveria parecer uma garota real cantando, então ela foi lá e fez. Ela cantou o dia inteiro. E há uma sonoridade realmente legal na voz dela, uma coisa meio rouca. Então estava longe de ser horrível."

Jennifer pode ser modesta em relação ao próprio sucesso, mas todos ouviram a música, gostando ou não. Durante uma entrevista no *E!'s Live from the Red Carpet* antes do Oscar de 2015, Ryan Seacrest perguntou a Josh Hutcherson, que iria apresentar um prêmio na cerimônia, se tinha "The Hanging Tree" no celular, e o ator admitiu que Jennifer o obrigou a tê-la: "Eu tenho porque Jennifer comprou e colocou no meu telefone", revelou.

A música fez sucesso instantâneo com a crítica e o público assim que lançada, mas ganhou mais popularidade após ter sido remixada para o rádio por Jared Piccone, também conhecido como Spacebrother, e ganhado uma versão de batida rápida feita pelo DJ Michael Gazzo, que disse à *Entertainment Weekly*: "A música está em primeiro lugar das paradas em quase todos os países e foi moleza de remixar. Minha versão de 'The Hanging Tree' é muito mais leve e mais tranquila de se ouvir. Embora a essência da música seja sombria, eu a imaginei levando todo um grupo de pessoas a se revoltar. E se unir."

Desde então, Jennifer fez amizade com a estrela pop Lorde, que gravou a canção oficial do filme, "Yellow Flicker Beat". A música fez tanto sucesso que rendeu a Lorde uma indicação ao Globo de Ouro na categoria de Melhor Canção Original e também foi indicada ao Oscar.

Em uma entrevista ao *LA Times* em dezembro de 2014, Lorde não só descreveu o processo de composição da música como também revelou que olhar para o rosto de Jennifer inspirou o verso mais poderoso da letra. A cantora neozelandesa explicou ao jornal norte-americano a ideia por trás da composição: "Gostei de o filme terminar em um close no rosto da Katniss e logo depois surge aquele ruído bem assustador e irracional marcando a entrada na cabeça dela, em seus pensamentos e segredos mais profundos."

Lorde contou ter se inspirado em uma série de músicas religiosas, incluindo "Sometimes I Feel Like a Motherless Child": "Queria que a música fosse quase um fluxo de consciência, bem parecida com os pensamentos mais íntimos de Katniss, e quando a compus, conseguia sentir tudo se misturando e minha voz se sobrepondo à dela."

A cantora e compositora também acredita que a personagem de Jennifer tem diversas vozes, tanto "internas como externas", e comparou a voz de Katniss a uma tempestade que não se acalma, citando sua frase favorita da música que compôs: "Fingers laced together and I made a little prison, and I'm locking up everyone who ever had a finger on me." ("Dedos entrelaçados e criei uma pequena prisão, e vou prender todos que já puseram a mão em mim.")

Jennifer pode até não gostar de cantar, mas isso deve fazer dela a estrela pop mais relutante do mundo atualmente.

CAPÍTULO NOVE

CAPRICHE NA POSE

Além do reconhecimento profissional que começou a receber desde o início da carreira de atriz e cantora, Jennifer estava prestes a ser premiada por sua aparência de estrela de cinema.

O apelo jovem e saudável de suas curvas naturais a tornaram popular entre os fãs e também no difícil universo da moda, o que lhe rendeu lucrativos contratos para trabalhos de moda, além de prêmios e elogios.

A revista britânica *Glamour* considerou Jennifer a mulher mais elegante do mundo, dando a ela o primeiro lugar na lista de "50 Mulheres mais bem vestidas de 2014". Segundo a publicação, Jennifer consegue fazer um vestido Dior parecer confortável como uma calça de moletom e ainda consegue ser linda usando qualquer um dos dois trajes.

Apesar disso, ela nunca deixou os elogios subirem à cabeça e sempre se manteve modesta em relação à própria aparência, alegando que nada daquilo é natural. Em uma premiação, chegou a brincar: "Ah, leva umas quatro horas e meia, exigindo centenas de dólares e de profissionais. Você também pode ter essa aparência", contou ela ao *Entertainment Tonight* quando perguntaram os detalhes dos preparativos para o tapete vermelho. "Tenho uma equipe incrível na Dior e também um grupo de especialistas que dá sangue, suor e lágrimas para me deixar com esta aparência."

Mesmo quando tinha o cabelo comprido com corte long bob que rendia manchetes pelo mundo, ela fez uma piada tipicamente autodepreciativa em que zombava do próprio visual: "Ele cresceu nesse comprimento esquisito e bizarro. Fico amarrando tudo em um coque até que pensei: 'Não quero mais fazer isso' e cortei. Não tinha como ficar pior do que já estava."

Quando criança, Jennifer nunca foi uma Penélope Charmosa, então, por mais deslumbrante que ela pareça no tapete vermelho atualmente, a atriz considerava esquisito e incômodo usar roupas sofisticadas para os eventos que chamam a atenção em termos de moda quando se viu sob os holofotes pela primeira vez: "Odiei me arrumar para os meus primeiros tapetes vermelhos porque nunca me senti confortável nesses vestidos glamorosos", admitiu ela à revista francesa *Madame Figaro.*

Por ter sido criada no Kentucky, ela passava o tempo andando a cavalo e lutando com os irmãos, Ben e Blaine, longe de babar em revistas de moda e nos visuais badalados do momento.

"Quando eu era criança em Louisville, herdei as roupas dos meus dois irmãos mais velhos. Eu as combinava com peças que minha mãe comprava usadas dos vizinhos", confessou a atriz, acrescentando: "Eu era uma verdadeira moleca."

Por isso, quando ela foi abordada para ser o rosto da Dior, em conversas que começaram em 2011 e ofereceram milhões para que ela aparecesse nas campanhas publicitárias de produtos e acessórios de moda em âmbito global pelos três anos seguintes, Jennifer hesitou: "No começo, falei para todo mundo: 'Sou atriz, não sou modelo. Não quero fazer isso.'"

Mas ela acabou concordando e escolheu a Dior entre vários outros acordos de patrocínio que foram oferecidos na época. Jennifer é contratada da marca de luxo francesa desde 2012, quando foi anunciado que ela substituiria a atriz Mila Kunis como o rosto da linha de bolsas Miss Dior. Além dos três milhões de dólares que recebeu, Jennifer também pode escolher à vontade os vestidos e as bolsas da marca, que vem usando em quase todos os eventos de primeira linha.

Algumas pessoas na indústria da moda ficaram surpresas com a escolha da Dior, pois Jennifer até então não era conhecida por estar particularmente antenada com as tendências do setor, mas o estilista-chefe Raf Simons comentou a escolha na época, alegando ter se impressionado com Jennifer: "Sua juventude e beleza clássica, além da força de caráter, o vigor feminino e a complexidade que é capaz de personificar com tão pouca idade são muito singulares e atraentes!"

Jennifer pode não ter sido a escolha óbvia na época, mas aos poucos foi se adaptando ao papel de representante e modelo de primeira linha da marca. "Agora eu entendo esse negócio de *haute couture*", explicou depois. "É muito importante. Ainda não sei o que é *haute*, mas preciso falar isso. Faz pouco tempo que consegui reconhecer a beleza da alta costura. O primeiro desfile da Dior feito pelo Raf Simons que assisti me deixou de queixo caído."

Quando a primeira leva de fotos da campanha, feita pelo lendário fotógrafo de moda Patrick Demarchelier, foi lançada em 2013, Jennifer estava incrível. Mesmo assim, ela foi modesta quando surgiu a polêmica sobre o retoque nas imagens para embelezá-la. A Dior foi acusada de alterar digitalmente os ombros da Jennifer para deixá-los bem mais estreitos em uma campanha.

Apesar de muitos críticos terem se mostrado ultrajados com a atitude, a própria Jennifer adorou, dizendo ao *Access Hollywood*: "Amo o Photoshop mais do que tudo no mundo. Claro que é Photoshop, as pessoas não são daquele jeito."

Apesar das piadas, vestir roupas de alta costura virou algo natural para Jennifer e, como várias outras mulheres, ela até se viu incapaz de viver sem carregar uma bolsa enorme nos braços: "Tenho uma enorme, apelidada de 'Nave-mãe', que uso sempre e coloco tudo nela", admitiu. "Minha lista básica? Pirulitos para os meus sobrinhos, carteira, passaporte, celular e uma coleção de brilhos labiais e canetas. Como eles sempre ficam perdidos lá no fundo da bolsa, eu acabo esquecendo e compro um monte, sem parar."

Em outra campanha para a Be Dior, lançada em fevereiro de 2015, Jennifer estava deslumbrante nas fotos de Paolo Roversi, mas admitiu que surpreendentemente não dava trabalho, mesmo sendo uma estrela de cinema que relutantemente virou um ícone da moda. Quando perguntaram mais uma vez o que guardava na bolsa de grife, Jennifer contou ao *Woman's Wear Daily*: "Carteira, celular, chaves, se eu me lembrar de levá-las, protetor labial ChapStick e um perfumezinho."

As imagens também causaram espanto, visto que Jennifer aparecia apoiando-se em uma escada branca e o *New York Post* brincou: "Já se passaram dois anos desde o famigerado tombo com o vestido Dior nas escadas durante a entrega do Oscar e a atriz finalmente está pronta para conquistar os degraus de uma vez por todas na campanha primavera/verão de 2015 da marca."

O site oficial da Dior também encheu as fotos de elogios: "Uma locação pura e minimalista em termos arquitetônicos foi escolhida pelo fotógrafo italiano Paolo Roversi como o cenário perfeito para uma série de retratos na qual ele procurou captar a aura natural de Jennifer Lawrence, a vencedora do Oscar e musa de Christian Dior."

A essa altura, Jennifer já era levada tão a sério pela elite da moda que foi escolhida para ser uma das organizadoras do evento mais badalado do calendário da moda: o Met Gala, em maio de 2015, cujo tema foi "Chinese Whispers" ("Sussurros Chineses"): História do Oriente na Arte, Cinema e Moda. A editora-chefe da *Vogue* norte-americana, Anna Wintour, a atriz chinesa Gong Li, Wendi Murdoch (ex-esposa do magnata dos jornais) e a CEO do *Yahoo!* Marissa Mayer se juntariam a Jennifer nas tarefas de produzir o evento, sempre frequentado por uma constelação de celebridades de primeira linha.

No ano anterior, a estrela de *Sex and the City*, Sarah Jessica Parker, e o colega de cena favorito de Jennifer, Bradley Cooper, dividiram a organização dessa extravagância anual, famosa pelo seu tapete vermelho.

Parte da imensa popularidade de Jennifer é atribuída ao fato de ela se mostrar muito confortável com o próprio corpo e à decisão de evitar dietas radicais, manias alimentares do momento e ficar longe de cirurgias plásticas e das últimas loucuras em termos de estética.

Ela tem um corpo naturalmente definido e não parece magra demais, como tantas atrizes de Hollywood. Enquanto outras estrelas se sujeitam a dietas que parecem um martírio e regimes bastante rígidos de exercícios físicos, Jennifer falou várias vezes que se recusa a ceder à pressão e perder peso para um papel. Além disso, ela tem uma sinceridade incomum, especialmente para uma celebridade, quando admite abertamente que gosta mesmo é de comer besteiras e consumir álcool.

Amante confessa de junk food, incluindo pizza e hambúrgueres, ela revelou ter ouvido que não conseguiria trabalhar como atriz, a menos que fizesse dieta imediatamente a fim de perder alguns quilos, ao que respondeu: "Vai se foder."

E Jennifer não tem o menor problema em falar sobre o seu apetite saudável e amor pela comida. Em uma entrevista com Liam Hemsworth, ela contou, nostálgica: "Você se lembra daquela vez em que estávamos na sua casa, comemos uma pizza inteira e depois eu parei no McDonald's e comi um Quarterão Duplo? Aí eu entrei em um coma alimentício e apaguei, com um pacote de ketchup grudado na bunda."

Ela também revelou o gosto pelos alimentos pouco saudáveis, confissão rara em uma Hollywood sempre tão preocupada com o corpo: "Doritos do tipo Cool Ranch são a minha praia. Venho tentando me livrar do vício nesses Doritos e passar para o Pirate's Booty [outro tipo de salgadinho]. Não está dando certo", sorriu ela.

Essa atitude em relação a seus hábitos alimentares levou Jennifer a ser vista como exemplo positivo para jovens que querem entrar na indústria do entretenimento sem ter recorrer a medidas drásticas para mudar a aparência. Ela está bem ciente do impacto que suas palavras têm em meninas vulneráveis que desejam ser como ela, fazendo questão de medir cuidadosamente as palavras e de sempre defender uma atitude saudável em relação à dieta e a exercícios físicos: "Tem aquela frase da Kate Moss, que nada tem um gosto tão bom quanto a sensação de estar magra. Eu posso citar várias coisas mais gostosas que a sensação de magreza: batatas, pão, sanduíche de carne e queijo com batatas fritas. Vemos esses corpos perfeitos, inviáveis na vida real e é com isso que estamos nos comparando. Prefiro parecer gorda na tela e uma pessoa comum na vida real."

Embora ela brinque com a paixão por comer e beber o que dá na telha, Jennifer também falou que fica furiosa quando as mulheres são rotuladas de gordas. "Por que humilhar as pessoas é engraçado? Eu entendo e também faço isso, todos nós fazemos", disse ela no programa de Barbara Walters, em uma entrevista bem sincera feita em dezembro de 2013. "Mas acho que, quando se trata dos meios de comunicação, eles precisam assumir a responsabilidade pelo efeito que têm nos mais jovens, nas meninas que estão assistindo a esses programas de televisão e escolhendo como falar e como ser populares.

"Aí, de repente ser engraçado é zombar da garota que está usando um vestido feio e usar a palavra 'gordo'. Acho que deveria ser ilegal chamar alguém de gordo na televisão. Se estamos regulamentando o consumo de cigarros e o uso de palavrões pelo efeito que eles têm nas novas gerações, por que não regulamentar isso de chamar alguém de gordo?"

Jennifer nunca se esqueceu da primeira vez que viu esta atitude. "Eu era bem nova", disse ela à revista *Bazaar*. "Era o tipo de coisa pela qual as atrizes eram obrigadas a passar. Alguém me disse que eu era gorda e seria demitida caso não perdesse peso. Há pouco tempo alguém comentou que, pelo rumo que a minha carreira seguiu, isso não devia me afetar mais e, de alguma forma, após ter ganhado um Oscar, eu estaria acima disso tudo. 'Você realmente ainda se importa com isso?' 'Sim, eu era uma garotinha. Fiquei magoada, não importa quantos prêmios você receba.'"

Embora jamais tenha sido realmente gorda e tenha conseguido vários trabalhos como modelo quando adolescente graças ao corpo bem-torneado e atlético, ela admite que sempre foi curvilínea demais para ser levada a sério como modelo de passarela. "Sempre comi demais para ser modelo. A comida é uma das partes favoritas do meu dia", conta ela.

Além disso, ao contrário de muitos de seus contemporâneos, Jennifer não tem problemas em admitir que gosta de álcool e costuma ser vista tomando vinho ou drinques. Quando a revista *Marie Claire* perguntou como ela ia se preparar para gravar às quatro da manhã, a atriz brincou: "Vou tomar uma garrafa de vinho tinto hoje à noite."

Em outra entrevista dada ao *Yahoo!*, ela acrescentou que fazer dietas rígidas para se adequar a estereótipos nunca esteve em seus planos: "O que você vai fazer? Ficar com fome todos os dias para deixar os outros felizes? Isso é burrice.

"Estou de saco cheio de todas essas atrizes que parecem passarinhos."

Na adolescência, Jennifer viu transtornos alimentares de perto e jurou ser mais sensata. "Não tenho paciência para essas meninas com dietas", disparou ela à *Seventeen*. "Eu me lembro de quando tinha 13 anos e era moda fingir ter um transtorno alimentar devido aos boatos de que Lindsay Lohan e Nicole Richie eram anoréxicas. Achava aquilo uma loucura. Fui para casa e falei com a minha mãe: 'Ninguém está comendo pão, tive que terminar os hambúrgueres de todo mundo!'"

Interpretar Katniss em *Jogos Vorazes* exigiu que Jennifer estivesse no auge da forma física para ter o alto nível de resistência e força necessários para fazer cenas difíceis. Nas preparações para as filmagens, ela precisou fazer uma série rigorosa de exercícios físicos para garantir a flexibilidade e força exigidas para o papel, mas perder peso não estava entre os objetivos.

Foi criado um plano de exercícios físicos para garantir que ela estivesse em plena forma física e mental. E para não sair dessa rotina foi contratado o personal trainer Dr. Joe Horrigan, especializado em medicina esportiva quiroprática e é muito requisitado em Hollywood, tendo grandes nomes em sua lista de clientes.

Ele montou uma série personalizada que se encaixava no estilo e nos hábitos de Jennifer. De acordo com Horrigan, o modelo seguido pela atriz tinha cinco partes. A malhação diária incluía exercícios aeróbicos, musculação, ioga, além de treinamento de rotina e atitude, tudo feito a fim de prepará-la para as cenas de corrida e luta que faziam parte do roteiro.

Dr. Horrigan disse à *Teen Vogue* que a musculação foi parte importante do processo, mas em vez de se basear apenas em pesos, ele estimulou Jennifer a executar uma série composta por "agachamentos, flexões e abdominais feitos em circuito".

Ele acrescentou: "Se você conseguir fazer qualquer um desses exercícios por vinte minutos em alta intensidade, verá os resultados. Jennifer nunca se atrasava. Ela nunca perdia uma sessão de exercícios e nunca reclamava. Ela fez tudo o que eu pedia e geralmente fazia sorrindo."

No entanto, Jennifer alega que não gostava dos exercícios e só os fazia porque eles eram parte do trabalho: "Odeio dizer que gosto de me exercitar. Tenho vontade de bater em quem fala isso", contou ela à revista norte-americana *OK*! "Às vezes eu faço exercícios, mas jamais quis ser uma dessas pessoas que dizem: 'Não me sinto bem quando não treino!' Prefiro ver reality shows. Adoro *The Real Housewives*, *Intervention,* e sou obcecada por *Shark Tank*. Eu estou mantendo a forma! Sempre estou mantendo a forma. Eu sempre faço exercícios! Mas não dá para trabalhar quando se está com fome, sabe?"

A atriz contou à revista *Elle* que, ao se preparar para o papel, sabia que precisava parecer "forte e em boa forma física, não magra e mal alimentada", especialmente com tantas jovens acompanhando o filme e querendo imitar seu visual: "Eu corro, faço ioga e coisas assim, mas não faço isso todo dia. Se não tiver nada para fazer o dia todo, às vezes nem visto a calça."

Mesmo com Jennifer fazendo piada que, pelos padrões de Hollywood, é uma atriz "obesa" e alegando não encontrar motivação para malhar, ela não se recusa a testar os limites a fim de se preparar para filmes que exijam uma aparência saudável. Além disso, ela prefere fazer exercícios a se privar de seus alimentos favoritos: "Em Hollywood eu sou obesa. Nunca vou passar fome para um trabalho", disse ela à *Elle*. "Continuo esperando pelo papel que me assuste o bastante a ponto de fazer dieta e talvez isso nunca aconteça. Sou invencível. Não quero que as meninas fiquem 'Ah, quero ser como a Katniss, então não vou jantar.' Era algo que me preocupava muito durante o treinamento, quando você está tentando fazer o corpo ter a aparência certa. Eu procurava deixar o meu corpo em boa forma e forte em vez de magro e mal alimentado. Serei a única atriz sobre a qual não haverá rumores de anorexia."

Jennifer sempre se preocupa que os fãs desejem copiá-la e já deu conselhos quando lhe perguntaram como seguir seus passos: "Seja forte. Não se espelhe cegamente no que está na moda e sempre faça o que é certo", recomendou ela em entrevista à revista *Parade*: "Se você pode escolher entre o certo e o errado, o certo é sempre menos estressante."

Mesmo assim, a modelo plus-size Ashley Graham, que apareceu na *Vogue* e na *Elle,* atacou o tratamento que Hollywood dá ao corpo das mulheres em um artigo para a revista virtual do site Net-a-Porter, *The Edit*, alegando ser ridículo que uma pessoa magra como Jennifer Lawrence fosse considerada curvilínea. A modelo, que veste roupas no tamanho 44, escreveu: "Acho que você pode ser saudável com qualquer manequim e meu objetivo é ajudar e educar as mulheres em relação a isso. Não importa se você é manequim 34 ou 52, desde que esteja cuidando do corpo, malhando e dizendo a si mesma 'Eu te amo' em vez de aceitar a negatividade dos padrões de beleza."

Embora reconheça que estrelas de Hollywood como Marilyn Monroe e Jennifer Lopez tenham exibido suas curvas de modo confiante ao longo dos anos, Graham acredita que as garotas precisam ver mais mulheres na TV e em revistas com corpos saudáveis: "As meninas não têm muito em quem se inspirar, pois as mulheres curvilíneas não estão nas capas de revistas nem são mencionadas nas redes sociais como outras celebridades. A Jennifer Lawrence é a queridinha da mídia em relação às curvas, mas ela é magrinha!"

Muitas pessoas fizeram questão de destacar a imensa diferença entre Jennifer, que ama carne, açúcar e álcool, e a ex-esposa de Chris Martin, Gwyneth Paltrow, conhecida por seguir uma rígida dieta macrobiótica e sem glúten.

Por isso, Jennifer causou uma polêmica e tanto quando falou mal exatamente dessas intolerâncias alimentares em uma entrevista para a *Vanity Fair*: "A dieta sem glúten é o novo transtorno alimentar da moda, o 'basicamente eu não como carboidratos'", atacou ela.

Jennifer foi rapidamente criticada pela comunidade dos sem glúten. "Tirar o glúten da dieta não é um transtorno alimentar", disse Cynthia Kupper, diretora-executiva do Gluten Intolerance Group (Grupo Dedicado à Intolerância ao Glúten) e nutricionista, ao site *FOX411*. "Quando penso em transtorno alimentar, penso em anorexia, bulimia ou padrões alimentares estranhos. Os comentários de Jennifer me deixaram com raiva."

No ensaio fotográfico que acompanhou a entrevista da *Vanity Fair*, feito em uma mansão localizada em Hollywood Hills, Jennifer provou que não tem problema algum com o corpo, pois revelou praticamente cada centímetro dele ao posar coberta apenas por uma cobra. A atriz teve a coragem de se despir nas reveladoras fotos de Patrick Demarchelier e aparentemente não hesitou diante da ideia de "vestir" apenas uma imensa e estrategicamente posicionada jiboia colombiana, conseguindo, sabe-se lá como, manter a calma durante o processo.

Nas imagens sensuais, Jennifer aparece deitada de barriga para baixo, com os pés apontando para cima e as costas arqueadas, coberta pela jiboia enrolada em torno do pescoço.

Como sempre, ela estava perfeita e tinha um ar do glamour Hollywoodiano à moda antiga, com os cabelos cacheados e um olhar sensual. Este foi considerado o ensaio mais provocante feito pela atriz até agora, ainda mais por ter acontecido pouco depois de ela ter passado pelo escândalo das fotos íntimas vazadas e vistas por milhões de pessoas.

"Jennifer tem a combinação perfeita de força, sensualidade, humor e, acima de tudo, o jeito moleca para fazer tudo isso funcionar", explicou a produtora de moda do ensaio, Jessica Diehl.

Aparentemente, a atriz só demonstrou certo desconforto quando a cobra se enroscou um pouco mais apertado em seu corpo, levando o animal a ser imediatamente devolvido ao container de armazenamento. Felizmente, Jennifer não tem medo de cobras. Quando lhe perguntaram qual era o seu maior medo, ela respondeu: "Aranhas. Tenho muito medo de aranhas. E de fantasmas. Eu não diria que tenho apenas medo de fantasmas, pois sou paranoica em relação a eles."

O ensaio de Jennifer homenageia o marcante retrato de Nastassja Kinski feito pelo fotógrafo Richard Avedon para a revista *Vogue* em 1981. Intitulada "Nastassja Kinski e a serpente", a foto mostrava a atriz nua e deitada meio de lado, com uma imensa píton birmanesa subindo pelo seu corpo. A imagem de Avedon foi vendida como pôster pelo mundo e a original acabou leiloada por 74.500 dólares em 2014

O ousado ensaio de Jennifer fez parte da edição anual da *Vanity Fair* dedicada a Hollywood, que também falava de vários britânicos indicados ao Oscar, como David Oyelowo, Felicity Jones, Benedict Cumberbatch e o ganhador da estatueta de Melhor Ator, Eddie Redmayne.

Além de ter um corpo desejado, Jennifer também ganhou muitos admiradores pelo rosto lindo e a pele impecável. A esteticista facial Sonya Dakar alegou ser muito rígida com a atriz, mas Jennifer adora isso. Como preparação para os eventos badalados, Sonya faz um roteiro intenso de beleza de seis semanas a fim de garantir que a atriz esteja pronta para o tapete vermelho.

Com dicas de beleza para deixar a pele perfeita e garantir um brilho de megawatts, a esteticista promete a Jennifer: "Se você seguir essas dicas não há como não parecer vários anos mais jovem, sexy, saudável e linda."

Ao contrário de outras estrelas, Jennifer ainda não ousou injetar botox ou fazer preenchimento no rosto. Sonya explica por que ela proibiu tudo isso: "Minha filosofia e meus preceitos básicos acreditam ser impossível injetar algo no rosto e depois pedir para deixá-lo mais natural. Então, eu bato o pé e digo: 'Você não pode fazer nada disso.' Não quero saber quem é o cliente. Não quero saber se é a Rainha Elizabeth. Fazer isso significa dar dez passos para frente e nove para trás. De jeito nenhum! Tem que ser só eu com o meu trabalho e a minha tecnologia."

Trabalhando com Jennifer, Sonya diz que viu de perto a relação entre alimentação, exercícios físicos e pele saudável. "Digo aos clientes: beba água e tenha cuidado com a alimentação. Siga uma dieta sem glúten na semana do Oscar, afaste-se de comidas pesadas e, por favor, faça exercícios físicos."

Várias semanas antes de Jennifer aparecer em um evento, Sonya entra em ação para livrar a pele da atriz de vários problemas. Um dos tratamentos favoritos da esteticista é o peeling de diamante: "São 16 bastões com pontas de diamante que se concentram na textura, fazendo uma limpeza, removendo linhas de expressão e acne do rosto, pescoço e colo. Também faço nos braços porque boa parte das minhas celebridades usa vestidos maravilhosos."

Jennifer também faz limpezas de pele regularmente, usando uma série de técnicas para transformar a pele, incluindo radiofrequência, luzes de LED e até células-tronco. "As células-tronco vêm de uma rara maçã suíça e oferecem benefícios específicos: livrar-se de todos os poros, dar efeito antienvelhecimento e deixar a pele perfeita", acrescentou Sonya.

Ela também recomenda que a atriz não faça tratamentos radicais antes do grande evento, em função do risco de a pele ficar vermelha e áspera. Jennifer costuma receber o último tratamento 48 horas antes de pisar no tapete vermelho: "Dois dias antes faço o LED de luz vermelha, um pouco de oxigênio e um peeling leve", conta Sonya. "Não vou arriscar, nem um pouquinho. Você precisa estar linda quando andar pelo tapete e ficará pronta para as câmeras assim que sair daqui."

Sérums e óleos dão um brilho extra à pele da atriz: "O sérum líquido ômega gold é a arma secreta. Antes da maquiagem, elas usam duas gotas e passam na pele. O segredo é fazer o dever de casa. Meus clientes têm de sete a oito produtos que precisam usar todas as noites: máscaras, tratamento para o rosto do tipo *flash facial* e hidratantes. Não há como melhorar a pele o rosto sem cuidar dela todos os dias", ensina.

Embora esteja visivelmente no auge do estilo e da beleza, Jennifer admitiu em entrevista à *Us Weekly* que ainda falta muito para se sentir confiante em relação à própria aparência ou ao sucesso na tela. "Estou sempre esperando que tudo acabe de uma hora para a outra", confessou ela sobre a popularidade inesperada. "Toda vez que o telefone toca, penso : 'Acabou!'" Apesar de todas essas dúvidas ela foi considerada a mulher mais sexy do mundo em 2014 pela revista masculina *FHM* e foi incluída nas listas de corpos mais bonitos da gigante da lingerie Victoria's Secret, sendo considerada a celebridade com o cabelo mais sexy de 2014 e os olhos mais sexy de 2012.

A revista *Esquire* a considerou A Melhor Celebridade na edição de outubro de 2013, quando comemorou o 80º aniversário. Além disso, ela e o craque do futebol David Beckham foram considerados as duas celebridades mais desejadas para tirar uma selfie no Dia dos Namorados, segundo uma pesquisa. A gigante dos smartphones HTC perguntou a dois mil residentes do Reino Unido com quem eles mais gostariam de tirar uma foto, e a mulher escolhida foi Jennifer, derrotando competidoras como as estrelas do pop Rihanna e Katy Perry. A britânica mais bem colocada na lista foi Kelly Brook, na sexta posição.

Também pediram aos participantes da pesquisa para dizer qual selfie famosa eles mais gostariam de recriar, sendo a escolhida a famosa foto feita por Ellen DeGeneres no Oscar, que obviamente incluía Jennifer e nomes como Brad Pitt, Angelina Jolie e Kevin Spacey. Tirada em fevereiro de 2014, a famosa imagem recebeu uma quantidade recorde de 779.295 retuítes no Twitter só na primeira meia hora, fazendo com o que o site ficasse temporariamente fora do ar.

Essa selfie, que também incluía Bradley Cooper, Julia Roberts e Meryl Streep, tomou o primeiro lugar da selfie do atacante Lukas Podolski, que mostrava a seleção alemã de futebol sem camisa no vestiário após um jogo da Copa do Mundo, e da foto "feia" da modelo Cara Delevingne, na qual ela alterou o rosto normalmente lindo, ficando vesga e levantando o nariz com a mão para imitar um focinho de porco!

Jennifer explicou que fãs jovens preferem fazer uma selfie a pedir um autógrafo e, de acordo com as estatísticas, a selfie está em ascensão, com uma quantidade estimada de 11 milhões de pessoas entre 18 e 30 anos postando esse tipo de foto em 2014, de um total de mais de um bilhão de imagens. Em média, cada pessoa dessa faixa etária faz cem selfies por ano, publicando pelo menos uma por semana nas redes sociais.

Apesar disso, a arte da selfie sofreu um golpe em abril de 2015, quando os organizadores do famoso Festival de Cinema de Cannes tentaram proibi-la no tapete vermelho, chamando esse tipo de imagem de "ridícula e grotesca". Um organizador acrescentou: "Sinceramente, todo mundo fica feio em selfies."

Não surpreendem, contudo, os resultados indicando que o simples autógrafo não interessa mais aos observadores de celebridades, com mais da metade (55 por cento) dizendo que preferiria tirar uma selfie com sua celebridade favorita e apenas 22 por cento declarando a preferência pelo autógrafo. Um terço dos homens pediria à celebridade por quem são apaixonados um encontro amoroso ou um beijo se a conhecesse, enquanto apenas onze por cento das mulheres fariam o mesmo.

Além de tudo isso, a popularidade de Jennifer está tão em alta que ela foi a celebridade mais procurada no Google em 2014. Embora muitos pensassem que a estrela de reality shows Kim Kardashian lideraria a lista após o ensaio fotográfico feito para a revista *Paper* chamado "Quebrar a Internet", no qual ela posou nua, Jennifer surpreendeu e foi a vencedora.

E toda vez que a protagonista de *Jogos Vorazes* experimenta um novo estilo de roupa ou muda o cabelo, ela vira manchete. No início de 2014, quando se livrou dos longos cabelos louros em um estiloso corte "Joãozinho" bem rente, as fotos correram o mundo e o visual foi imediatamente copiado por milhares de mulheres.

Até Karlie Kloss, modelo da Victoria's Secret, confessou sentir inveja e ter vontade de mudar de estilo tão naturalmente quanto a atriz: "Achei a Jennifer Lawrence linda de cabelo curtinho. Sempre tenho inveja quando alguém experimenta algo novo em termos de estilo", explicou ela.

Vários admiradores famosos e críticos profissionais se dedicam profundamente à atriz, admirando todas as escolhas feitas por ela em termos de moda e estilo. E parece que a popularidade de Jennifer só faz aumentar enquanto ela amadurece e se torna uma jovem sofisticada, ganhando mais confiança à medida que se acostuma a essa vida extraordinária sob o brilho dos holofotes.

CAPÍTULO DEZ

FAZENDO PAPEL DE BOBA

Diferentemente das estrelas de cinema que gerenciam cuidadosamente todas as palavras e ações a fim de garantir uma imagem positiva diante do público, Jennifer não parece se importar em cometer erros. Ao fazer besteiras, contar histórias constrangedoras e às vezes dizer exatamente o que pensa sem temer as consequências, ela mostrou ao mundo que ainda é encantadoramente natural e mantém os pés no chão.

Claro, há quem alegue que, por ser uma das atrizes mais badaladas do mundo, nada do que ela diz ou faz é acidental e deve ser tudo atuação. Mas não há dúvida de que Jennifer adora rir de si mesma e parece ter mudado pouco desde que foi lançada à fama em 2011 com a indicação ao Oscar pela atuação no filme independente de baixo orçamento *Inverno da alma*.

Desde então, ela ficou tão famosa pelas gafes, pelos tropeções e tombos, e por estragar fotos alheias fazendo caretas que até fez piada com a reputação de excêntrica quando precisou fazer um discurso na premiação Producers Guild Awards em janeiro de 2015. Pediram que ela apresentasse o CEO da Lionsgate, Jon Feltheimer, que receberia o ilustre Milestone Award.

O único problema era que, embora seja atriz profissional, Jennifer não gosta de fazer discursos devido ao que chama de "ansiedade paralisante", motivo pelo qual ela normalmente recusa pedidos para falar de improviso.

"Quando soube que era para o Feltheimer, tive de aceitar. Simplesmente porque imaginei que era obrigada a fazê-lo, por contrato. Quando descobri que não era, já tinha escolhido este vestido."

Então, avisou a Feltheimer: "Sei que você está pensando que vou estragar tudo e você tem toda razão."

Contudo, a ganhadora do Oscar não estragou tudo. Na verdade, ela matou a audiência de rir desde o comentário de abertura, no qual disse que pensou em pedir um Xanax a alguém para acalmar os nervos e citou "o laço indissociável entre a mulher e o sofá".

Ela conseguiu até brincar com o chefe do estúdio responsável pelos bem-sucedidos filmes da franquia *Jogos Vorazes*: "Jon foi escalado para garantir que a incrível trilogia de Suzanne Collins fosse respeitosamente transformada em quatro filmes e foi um fracasso enorme", brincou ela. "Eu tive muito medo de assinar o contrato para fazer esses filmes, pois algo desse tamanho pode ser o início ou o fim de uma carreira. Confiei na Lionsgate e eles confiaram em mim. Agora temos um relacionamento forte e incrível que eu espero que dure até a minha carreira acabar, aos 35 anos."

Embora isso pareça pouquíssimo provável, se a carreira dela realmente se encerrar, Jennifer pode ganhar a vida fazendo discursos de apresentação. Nas filmagens, ela tem fama de arrancar risos, não importa o quão dramática seja a cena: "Isso não acontece porque sou engraçada", explica ela. "Sou é muito imatura e não consigo ficar séria por muito tempo, isso me mata. Especialmente se estamos fazendo uma cena mais dramática, eu simplesmente não consigo ficar séria."

Em abril de 2015, ela participou de uma elaborada pegadinha de Primeiro de Abril promovendo o revolucionário site *Dips,* de vídeos com 1,5 segundo de duração. Junto com grandes nomes, como Britney Spears e Ashton Kutcher, ela fez um pequeno vídeo para o novo site, que supostamente valia espantosos oitenta milhões de dólares e divulgava clipes "com a duração de um piscar de olhos". O *Dips* foi criado pela Funny or Die, empresa de vídeos humorísticos fundada por Will Ferrell e Adam McKey. No vídeo, Jennifer parecia irritada e atendia uma banana em vez de um telefone.

Ela realmente ficou quase tão famosa pelo senso de humor e por ser capaz de rir de si mesma quanto pelas atuações. Em 2012, ao ser questionada sobre os passos de dança que precisaria fazer em *O lado bom da vida*, ela disse: "Quando eu danço, pareço um pai em um baile de formatura. Nunca me dei bem com meus braços e pernas. Acho que não me entendo com eles desde a puberdade."

Jennifer também costuma fazer piada com a própria aparência: já penteou o cabelo com um garfo e enfiou o dedo no nariz de imagens dela mesma em outdoors. Em uma entrevista no tapete vermelho, ajeitou o vestido tomara que caia de modo pouco feminino, explicando: "Sei que minha axila é gorda, mas não tem problema. Agora, ter uma vagina na axila é triste! Eu me vejo em todas essas câmeras, que horror! Preciso usar aqueles antolhos de cavalo para não ver nada. Então, que vestido estou usando? Desculpa, é Dior! Você perguntou e eu só consegui falar sobre vaginas!"

Ela alega que fala besteira em entrevistas ao vivo por considerar o tapete vermelho muito estressante: "Tapetes vermelhos são muito assustadores. Acabo ficando tão nervosa que fico acelerada, aí vou para entrevistas e digo: 'Sou um chihuahua! Estou tremendo e mijando!' E depois emendo com: 'Eu falei sobre mijar no tapete vermelho!'"

O amigo Josh Hutcherson fez piada com o famoso tombo no Oscar antes de fazer sua estreia na cerimônia, dois anos depois. Quando sugeriram que ele deveria ter pedido conselhos a Jennifer, considerando a quantidade de vezes a que colega de cena já foi à premiação, ele respondeu: "Nem pensar que vou pedir conselho a ela sobre o Oscar. Vou ficar bem longe daquele desastre, não tenha dúvidas."

No evento de gala beneficente feito em 2015 pela organização unite4:good, chamado unite4:humanity, ocasião em que foi homenageado pelo trabalho com o grupo que defende os direitos dos gays Straight but not Narrow (Hetero, mas não limitado), Josh levou Jennifer, descrevendo-a como sua melhor amiga e brincando com a diferença de altura entre os dois, dizendo: "Não tenho salto alto. Não vou apelar para os saltos neste evento."

Josh e Jennifer ficaram conhecidos pela amizade divertida. Nas gravações de *Jogos Vorazes*, ele até a apelidou de Katpiss Neverclean (trocadilho com o nome Katniss Everdeen que pode ser traduzido como Katsuja Nuncalimpa), devido ao suor causado pelos exercícios físicos pesados que ela precisava fazer duas vezes ao dia durante as filmagens a fim de manter a forma para o papel.

Apesar da piada, Josh disse à *Vanity Fair* que eles sempre serão unidos: "Foi a experiência mais incrível do mundo fazer parte desses filmes. Fiz amigos que vou manter para sempre. Nada une tanto ou é uma experiência tão íntima quanto fazer um filme com alguém. Vou sentir falta dessa intimidade, sem dúvida."

O ator acrescentou que ele, Jennifer e Liam prometeram se reunir pelo menos uma vez a cada dois anos para "tirar umas férias de quatro a oito dias em grupo".

Além de uma legião de fãs, o bom humor de Jennifer também rendeu a ela vários admiradores famosos. A atriz ficou vermelha quando a lenda de Hollywood Jack Nicholson a cumprimentou por ter faturado o Oscar. E Bradley Cooper disse à *Press Association* no 58º BFI — Festival de Cinema de Londres que não poderia ter pedido uma colega de cena melhor após terem aparecido em vários filmes juntos: "Eu meio que acertei na loteria por trabalhar com Jennifer Lawrence em *O lado bom da vida*. Quando soube que ela interpretaria essa personagem, tive certeza de que seria hilário. Quando ela deu vida a essa personagem, ficou muito mais dimensional. Seria muito fácil interpretá-la como alguém sem nuances, mas não há um momento em que você não acredite que ela é um ser humano."

E ele tinha mais elogios para sua estrela favorita: "É uma atriz muito, muito talentosa. Acho que sua principal vantagem é a sua tranquilidade quando atua e, por isso, é muito empolgante dividir a cena com Jennifer."

Ela acrescenta que eles são unidos no amor pela comida: "Somos os dois maiores glutões de Hollywood", confessou.

Apesar de o relacionamento deles ser descrito como estritamente platônico, Bradley continuou a babar na colega de cena no evento, dizendo: "Eu a respeito demais como profissional, como atriz e acho que ela é a melhor. Aprendo com ela. Você sempre quer trabalhar com pessoas melhores que você."

Deixando claro que há uma ligação sólida entre os dois, Jennifer completou: "Eu me sinto da mesma forma em relação a ele." Ela até fez um carinho de brincadeira no rosto do colega, que o fez rir e fechar os olhos enquanto posava para fotos na festa pós-evento.

Jennifer tem vários outros admiradores famosos, sendo até comparada a Jesus e Joana D'Arc pelo colega de cena em *Jogos Vorazes*, Donald Sutherland: "Quando trabalhei com ela, percebi que a menina era um gênio", elogiou o ator na estreia de *Jogos Vorazes: A esperança — Parte 1*. "Ela é a pessoa certa na hora certa no sentido de Joana D'Arc ou Jesus Cristo, qualquer gênio desse tipo. Ela tem a capacidade como atriz de tirar a verdade do material e todo mundo percebe essa verdade de imediato, pois acerta você no coração, no plexo solar e na mente. E ela tem o gênio de uma pessoa que não é afetada por nada disso. É só uma garota verdadeira."

Sutherland ainda comparou Jennifer com o lendário ator Sir Laurence Olivier, descrevendo a colega como "uma atriz refinada e brilhante".

Jennifer costuma ser modesta quanto a todos os elogios que lhe fazem e é humilde o bastante para trazer à tona o fato de que nunca estudou artes dramáticas. A forma de aprender pelo "método" consiste apenas em observar as expressões e emoções das pessoas, acrescentando que sempre foi fascinada pelas reações e sensações que os outros expressam ao seu redor, dizendo: "Observar pessoas é a melhor aula de artes dramáticas que você pode fazer."

Outro colega de Jennifer em *Jogos Vorazes*, Woody Harrelson, também a elogiou, dizendo que ela não permitiu que a fama lhe subisse a cabeça e continuou equilibrada mesmo após ter virado "a maior estela do mundo". Relembrando a primeira vez em que se encontraram, Woody disse à *Vanity Fair*: "Ela tinha acabado de fazer um filme e era conhecida pelas pessoas da área, mas não era famosa de verdade. Então, eu a vi se transformar, de modo incrível, na maior estrela do mundo. E, para mim, é espantoso o quanto ela foi capaz de manter a decência e seu jeito incrível e maravilhoso. Sabe, o problema não é lhe dizerem que você é maravilhoso; o problema é quando você começa a acreditar nisso. Ela nunca se deixou levar. É uma garota maravilhosa, uma das minhas pessoas favoritas no mundo e não consigo imaginar a vida sem ela."

Woody também se mostrou fascinado com o fato de a amiga não ter filtro e nunca se censurar: "Ela é muito acessível. É quase chocante o quanto ela fala, sabe? Isso é superdivertido e também assustador às vezes, porque é perigoso", acrescentou. "É como se ela não tivesse desconfiômetro. Eu realmente adoro isso nas pessoas. Até tem gente em quem eu não adoro isso, mas nela é maravilhoso. Quando penso no fato de que a princípio recusei *Jogos Vorazes* e precisei ser convencido pelo diretor Gary Ross a participar, imagino do que eu sentiria mais falta. De modo mais geral, é claro que queria fazer parte de *Jogos Vorazes*, mas não conhecer a Jen seria, tipo, inconcebível."

Jennifer deixou uma impressão e tanto quando Harrelson a conheceu: ao entrar no trailer do colega, ela olhou para o balanço que ele usava para fazer exercícios de ioga e disse: "Oi, Woody, esse balanço é para fazer sexo?"

Ele acrescentou: "Jennifer não tem um pingo de arrogância. Ela não está tentando empinar o nariz ou ser quem não é. Ela é verdadeira. É apenas essa garota incrível do Kentucky que se deu muito bem na vida."

Outra estrela de *Jogos Vorazes*, a atriz adolescente Willow Shields, disse o quanto gostou de crescer tendo Jennifer Lawrence como sua irmã na tela. "Ela é, basicamente, um livro aberto. É verdadeira tanto nas entrevistas quanto no tapete vermelho, então, isso não chega a ser surpreendente em relação a ela", disse Willow. "Sinto que algumas pessoas veem apenas o lado engraçado de Jennifer, mas ela pode ser muito séria e sofisticada. Acho que isso é algo que muita gente não sabe."

Quando Willow participou do *Dancing With The Stars*, Jennifer admirou a coragem dela por dançar em público. "Acho que todo mundo pensou: 'De onde surgiu isso? Ai, meu Deus, você está dançando'", contou Willow ao *E! News*. "Como a Jen, que pensou: 'Nossa, eu ficaria apavorada se fizesse isso.' Todos ficaram muito empolgados."

Willow também revelou ao *Access Hollywood* como foi ter crescido com Jennifer: "Ela é incrível", disse a jovem atriz. "Comecei quando tinha 10 anos e agora tenho 14 anos. Criamos uma relação fantástica. Ficamos mais unidas a cada filme, e agora somos como irmãs mesmo e ela me dá muito apoio em tudo o que faço. Jennifer me disse para continuar sendo quem sou. Acho que ela sabia que esses filmes iriam estourar. Com 10 anos, eu não tinha noção do que ia acontecer, não fazia a menor ideia", continuou Willow: "Ela falava, tipo, continue sendo quem você é. A única forma de ser bem-sucedida nesta área é ser humilde e continuar sendo quem você é, porque eles escalaram você para este papel por um motivo. Jennifer é uma inspiração para mim. Ela nunca mudou durante todos os filmes, o que incrível. É quase impossível para a maioria das pessoas se manter centrada e humilde, então ela é uma inspiração para mim", acrescentou ela. "Ela é uma grande inspiração para todas as jovens por aí."

Os outros fãs famosos de Jennifer incluem Julianne Moore, que revelou o quanto as duas riram quando se viram pela primeira vez em *Jogos Vorazes*: "Ela é muito engraçada. Quando a conheci, estava sentada no trailer de maquiagem. Nosso maquiador estava testando algo e Jennifer entrou. Eu disse: 'Ah, pode deixar que eu levanto.' E ela respondeu: 'Não, não, não. Pode ficar sentada aí, que eu vou ficar remoendo a mágoa por dentro aqui.'"

Quando perguntaram ao astro de *Harry Potter*, Daniel Radcliffe, quais atores ele admirava, a resposta foi: "George Clooney, Jennifer Lawrence, acho que eles devem ser bem legais. Eu conheci Paul Rudd e falei: 'Você é incrível!' Eu só quero trabalhar com pessoas com quem eu me dou bem e tenho uma boa relação, e eles definitivamente estão nessa lista."

O sentimento é mútuo, pois Jennifer descreveu a primeira vez que viu Daniel da seguinte forma: "Eu gritei para ele quando o conheci."

E ele não é o único querendo trabalhar com Jennifer. A equipe por trás do bem-sucedido drama adolescente *Pretty Little Liars*, cujo fervoroso e devoto exército de fãs tuíta e fala o tempo todo sobre as reviravoltas da trama, gostaria de ter Jennifer no elenco.

Embora as tramas complicadas e as personagens sempre à beira da morte mantenham a audiência nas alturas e garantam a fidelidade do público, o astro revelação do programa, Keegan Allen (Toby Cavanaugh), gosta de atrair participações especiais de grande porte para a série e descreveu Jennifer como uma fêmea-alfa: "Seria muito legal trabalhar com Jennifer Lawrence. Troian [Bellisario, que interpreta Spencer] sempre me faz lembrar de Jennifer. Ela parece ter uma presença de fêmea-alfa. Na verdade, todas as garotas ali são muito fêmeas-alfa e seria bacana se ela aparecesse no seriado. Ou a Taylor Swift! Há um elemento de fêmea-alfa que essas duas passam e os nossos fãs adorariam isso. Também seria legal ver como elas interpretariam personagens naquele universo."

Allen até admitiu ter criado uma trama para o caso de algum dia conseguir convencer Jennifer fazer uma participação na série de TV: "Sinto que Jennifer Lawrence poderia fazer parte de uma equipe de debate contra a Spencer, ser muito boa naquilo e deixar Spencer um pouco assustada com essa garota inteligente com a qual está brigando para entrar em alguma universidade doida da Ivy League", acrescentou ele empolgado. "Aí a personagem da Taylor Swift poderia ser uma garota legal, superatlética e jogadora de lacrosse que também sabe tocar violão. Ela deixa a Aria com muita inveja."

No fim das contas, ele disse que via as duas estrelas como inimigas que se tornam amigas em vez de já aparecerem como amigas. As Liars precisariam ganhar a confiança delas e depois todas poderiam se unir. "Ao trazê-las para a série, o conflito seria mais divertido do que tê-las como aliadas desde o início", explicou ele. "Elas virariam aliadas mais tarde. Tudo começaria como um conflito e depois mudaria."

Na verdade, ele ficou tão empolgado com a ideia que gostaria de propor a história à criadora da série, Marlene King: "Está vendo o que você fez? Agora fiquei fissurado nisso. Vou sair do telefone e dizer: 'Marlene! Vamos chamar a Taylor Swift e Jennifer Lawrence para o seriado!'"

Outro colega de Jennifer em *Jogos Vorazes*, o ator britânico Toby Jones, achou inspirador contracenar com ela: "Trabalhei com Jennifer em outros filmes e foi bem interessante porque ela é uma atriz muito esperta, inteligente", elogiou. "Você acha que haveria o risco de isso acabar com ela, mas não foi o caso."

Megan Fox também adora a atriz sincera e divertida, que chamou de "mulher sem medo".

"Realmente acho que ela está dominando o mundo agora", disse Megan ao *Daily News*.

Já Marion Cotillard, estrela francesa vencedora do Oscar, gostou de conhecer a estrela, que descreveu como "divertida". Elas foram musas da Dior juntas. Quando a revista *Stylist* perguntou o que a faz rir mais agora, Marion respondeu: "Will Ferrell! Meus amigos. Tenho amigos muito, mas muito engraçados. Eles me fazem rir porque eu rio com vontade. Ah, e Jennifer Lawrence. É, essa é uma boa lista. Tenho um jantar da Dior para ir e estou ansiosa, pois são pessoas incríveis e engraçadas. Jennifer Lawrence vai estar lá também, então, vou me divertir muito."

Patrick Stewart é mais um que só tem elogios para ela. O veterano de *Jornada nas estrelas* trabalhou com um incontável número de atores e atrizes talentosos ao longo da carreira. Com um currículo vasto e contatos poderosos, Stewart teve a oportunidade de atuar com praticamente todo mundo que lhe agradava. Contudo, enquanto promovia o filme *Match*, em 2015, perguntaram com quem o ator mais gostaria de trabalhar no futuro e ele escolheu Jennifer por causa do ótimo senso de humor.

Ele a viu em ação durante o filme *X-Men: Dias de um futuro esquecido*, mas os dois não chegaram a trabalhar juntos, pois o personagem de Stewart estava no futuro, enquanto o de Jennifer existia no passado. Embora eles nunca tenham dividido uma cena, Stewart ficou muito impressionado com o que viu.

Em uma sessão de perguntas e respostas feita pela *Entertainment Weekly* no Facebook, ele disse: "Adoraria trabalhar com Jennifer Lawrence. Ela é brilhante, tem ótimo senso de humor e é muito bonita."

O astro da WWE Seth Rollins também nutre uma paixão por Jennifer e gostaria de fazer cenas românticas com ela. O famoso lutador disse que gostou de vê-la na franquia *Jogos Vorazes* e adoraria seguir os passos de seus colegas da WWE, Dwayne "The Rock" Johnson e Dave Bautista. Este último foi recentemente escalado como o capanga Mr. Hinx no mais recente filme do James Bond, *007 contra Spectre*. Rollins afirmou que entraria em Hollywood caso isso significasse uma chance de trabalhar com Jennifer.

Ele disse: "Se aparecer uma oportunidade para atuar, eu definitivamente não recusaria. Não me importaria em fazer algumas cenas românticas com belas atrizes. Cara, a minha favorita? Essa é difícil. Existem muitas atrizes lindas e maravilhosas, mas eu diria Jennifer Lawrence. Ela esta absurdamente linda na trilogia *Jogos Vorazes*. Vamos ver se isso pode se tornar realidade."

O campeão do reality de moda *Project Runway*, Dmitry Sholokhov, declarou após vencer o programa de TV em abril de 2015 que o sonho dele seria trabalhar com Jennifer. "Eu adoraria vestir Jennifer Lawrence, Tilda Swinton e Angelina Jolie", disse ele ao site *Hollywood Life*. "Essas celebridades têm um estilo muito particular, uma estética forte e acho interessante trabalhar com mulheres que não têm medo de arriscar nem de serem diferentes."

Houve até um boato de que o príncipe Harry quis namorar Jennifer, mas ela teria recusado a oportunidade de talvez integrar a família real britânica. Parece que, quando ela esteve em Londres promovendo *A esperança — Parte 1* em novembro de 2014, Harry tentou usar sua posição ilustre para sair com ela.

Segundo a revista *Life and Style*, "Harry fez o seu assistente convidá-la para jantar e também mandou um convite para ela conhecer o Palácio de Kensington."

Comentou-se que Jennifer não estava interessada e educadamente recusou o convite de Harry.

Apesar disso, não é todo mundo que a ama. Para o ator, escritor e diretor Ethan Hawke, a carreira dela chegou ao topo cedo demais e ganhar um Oscar tão jovem tende a atrapalhá-la.

Hawke também não acha que liderar a lista da *Forbes* de atrizes mais lucrativas de 2014 seja motivo de alegria. "Sinto pena de uma atriz jovem como

Jennifer Lawrence, que faz muito sucesso cedo porque como você vai conseguir um nível razoável de profissionalismo? Como você pode se forçar a melhorar quando recebeu um Oscar por tomar café da manhã?", criticou ele em entrevista ao *The Daily Beast*, acrescentando que o sucesso precoce pode ter efeito negativo no profissionalismo e na motivação de uma pessoa.

Citando um ensaio de Tennessee Williams chamado "A Catástrofe do Sucesso", Hawke explicou que tanto o fracasso quanto o sucesso podem representar experiências negativas, mas o fracasso pode alimentar uma pessoa, levando-a a melhorar, enquanto o sucesso pode afundá-la de vez.

Segundo ele, o problema estaria na forma como Hollywood funciona como um todo. Na visão de Hawke, a indústria tem uma cultura que decide quando algo é brilhante, mesmo quando não é esse o caso.

A atriz Chloë Sevigny também admitiu não fazer parte do imenso exército dos fãs de Jennifer. Em uma entrevista à revista *V* em março de 2015, ela chamou a colega de chata e grosseira.

"Adoro quando uma estrela de cinema é uma ótima estrela de cinema", explica Sevigny. "Angelina é uma ótima estrela de cinema. Também gosto de Emma Stone. Quando ela é autêntica, é muito fofa. Acho a Jennifer Lawrence chata. Grosseira demais."

A estrela do filme *Kids* acrescentou: "Tenho medo de que as pessoas acabem supondo que a personalidade vale mais que a capacidade de atuar. É muito mais uma questão de marketing e de vender o produto. Eles colocam uma garota animada e divertida para fazer a ronda nos programas de entrevistas e todos a adoram, amam, querem ser essa garota ou trepar com ela. Consequentemente, muitas pessoas vão querer ver o filme ou seriado. Eu entendo esse tipo de estrela, o valor que isso tem."

Apesar das duras críticas, Jennifer resistiu a atacar seus detratores, preferindo manter silêncio sobre o assunto, como costuma fazer, apesar de ser estimulada a reagir.

Independente dos elogios ou das críticas, ela faz de tudo para ignorar a opinião pública e prefere se apoiar na família sempre unida e nos amigos íntimos para manter os pés no chão e ouvir a verdade: "Falo para os meus amigos me darem um tapa se por acaso perceberem que estou me achando muito!"

CAPÍTULO ONZE

O AMOR ESTÁ NO AR

Desde que ficou mundialmente famosa, Jennifer viu a sua vida amorosa ser colocada sob holofotes, com todos os seus movimentos analisados, dissecados, discutidos e criticados da mesma forma que suas atuações no cinema, talvez até mais.

Em 2011 ela começou a namorar o ator britânico Nicholas Hoult, que ficou famoso como o nerd que cria improváveis laços de amizade com o solteirão despreocupado de Hugh Grant em *Um grande garoto*, de 2002. Jennifer e Nicholas se conheceram nas gravações de *X-Men: Primeira classe* em 2010, no qual ele interpretou o personagem Fera, e o clima surgiu assim que os dois foram apresentados. Boatos sobre a natureza da amizade deles começaram a surgir, e o romance foi confirmando quando eles saíram em público pela primeira vez e foram à premiação Screen Actors Guild como casal no início de 2011.

Mesmo tentando manter a discrição, os dois acharam difícil esconder os sentimentos. Nicholas descreveu Jennifer como "especial" em uma entrevista e ela, por sua vez, mencionou o quanto achava o colega bonito. Em outra entrevista, Hoult elogiou o fato de Jennifer manter os pés no chão apesar da carreira de sucesso e disse que namorá-la significava ter menos privacidade, mas tirando isso a vida continuava a mesma.

Embora se tenha comentado muito sobre um suposto relacionamento entre Jennifer e Josh Hutcherson, outro colega de cena em *Jogos Vorazes*, e eles até tenham admitido que se amam, os dois insistiram que eram mais como "irmãos", sem qualquer ligação romântica.

Com poucos meses de namoro, surgiram notícias alegando que Nicholas teria pedido Jennifer em casamento. Mas quando pediram que ela confirmasse os boatos, Jennifer respondeu à revista *Marie Claire*: "Somos tão jovens que se vivêssemos na mesma cidade, o que aconteceria? Estaríamos morando juntos. Pelo menos assim nós estamos no mesmo barco: podemos sair, cada um ter a própria vida e saber que temos um ao outro. Quando estamos trabalhando, concordamos em nos ignorar. Não o tempo todo, mas ninguém fica com raiva quando o outro não responde à mensagem ou não telefona. A vida é supercorrida. Claro que você sabe o que ele está fazendo e confia nele."

Embora eles tenham passado boa parte do relacionamento separados devido às exigências da agenda frenética de gravações de ambos, o casal conseguiu curtir alguns anos juntos até a separação, em janeiro de 2013.

Na época, uma fonte disse à revista *Us Weekly*: "Eles já não estavam muito juntos, a vida dela é um rodamoinho. Agora ficou muito difícil."

Depois, Nicholas foi visto em uma boate de Nova York com a neta de Elvis Presley, a atriz e modelo Riley Keough, e eles pareciam estar se encontrando até maio de 2013.

Jennifer parecia aceitar muito bem a separação do primeiro namorado sério e, segundo uma fonte, o fim da relação tinha sido extremamente amigável. "Eles passaram muito tempo separados por causa do trabalho e isso dificultava o relacionamento. Foi uma separação consensual. Não houve escândalo nem traição", disse um amigo íntimo do casal com exclusividade à *Radar*. "A distância foi demais. Isso prejudicou o relacionamento, que simplesmente parou de funcionar."

Apesar disso, Riley parecia estar fora de cena quando Jennifer e Nicholas reataram o namoro em junho de 2013. Eles se reencontraram, pois estavam trabalhando na sequência de *X-Men: Dias de um futuro esquecido*. Para muita gente, a breve separação pareceu uma lembrança distante quando eles apareceram juntos no cinema, curtindo almoços românticos nos trailers e até em um parque de diversões durante um raro dia de folga.

Jennifer e Nicholas também foram vistos saindo com alguns colegas de trabalho. Eles se juntaram a James McAvoy, Michael Fassbender e o diretor

Bryan Singer no Grande Prêmio do Canadá de Fórmula 1 e foram ao cinema com Hugh Jackman e a esposa, a atriz e produtora Deborra-Lee Furness.

McAvoy é um grande fã de Jennifer e, quando ganhou um prêmio da revista *Empire* por Melhor Sci-Fi/Fantasia em março de 2015, brincou que ela roubou os holofotes devido à caracterização da personagem: "Gostaria de agradecer ao maravilhoso tom de azul e à nudez da Jennifer Lawrence por garantir que eu nem aparecesse nesse clipe", brincou o ator britânico.

Enquanto isso, com o romance voltando a todo vapor, Jennifer e Nicholas foram vistos em um evento da HBO, e parecia que eles estavam adorando ser novamente um casal.

Jennifer confirmou a retomada do relacionamento em uma entrevista sincera à bíblia da moda, *Vogue*, dizendo: "Ele não fazia a menor ideia do quanto é bonito. Acho que muitas mulheres e homens me odeiam por causa disso." Ela também brincou, botando a culpa da separação no fato de Hoult ser meio relaxado com a higiene: "Ele não gastava as esponjas", explicou Jennifer. "Estávamos na cozinha uma vez, eu peguei a esponja, que estava molhada e cheia de sabão e falei: 'Tá vendo? É por essas e outras que nunca vamos dar certo.'"

Mesmo assim, naquele ano Nicholas levou Jennifer para passar férias na Grã-Bretanha e conhecer a família dele. A irmã, Clarista, revelou ter se impressionado com o quanto Jennifer foi pé no chão, adorável e boa de conversa durante a visita. "Jen é encantadora. É muito fácil conversar com ela", disse Clarista à revista *Heat*. "Como ela é muito família, acabou se enturmando bem com a gente. Jennifer não parece ter aquele estilo de Hollywood: ela dividiu tarefas, acomodações. Somos uma família com zero glamour. Na nossa casa, se você quer uma bebida, você mesmo pega."

Jennifer passou uma parte do Natal de 2013 com Nicholas e a família, mas em vez de falar sobre os filmes que iriam ser lançados ou se gabar pela recente indicação ao Oscar por *Trapaça*, preferiu ser bem mais discreta. Ela almoçou em um pub da região e ficou com a família Hoult assistindo a especiais natalinos na televisão. Parece que Jennifer também ajudou o pai de Nicholas, Roger, a fazer torta de frango e assou uns bolos.

Porém, os boatos de que o casal estaria planejando morar na Grã-Bretanha e comprar uma casa por lá acabaram se mostrando falsos. Disseram que

Jennifer e Nicholas planejavam investir em imóveis na zona rural inglesa, aparentemente visitada por eles enquanto passavam o período de Natal na região.

Segundo Clarista, contudo, o casal estava longe de investir em imóveis. Sobre uma casa que o ator tinha adquirido recentemente em Londres, ela disse: "A casa é do Nick, eles não estão comprando juntos. É a primeira casa dele, que está todo empolgado. Ele está comprando móveis na Ikea. Eles são um casal normal, os dois se dão muito bem. Eles se veem o máximo possível e se falam por Skype e FaceTime. Ela é muito tranquila e normal."

Apesar disso, Clarista deu a entender que Jennifer pode ter achado a vida da família de Nicholas em Wokingham, Berkshire, um pouco tranquila demais, explicando: "Não bebemos álcool em casa. É só xarope de laranja, então ela precisou se contentar com isso. Como a minha mãe não bebe, fomos criados assim. Não temos vinhos antigos ou nada do tipo no jantar. Jen foi ao pub da região para beber. Ela diz o que sente e somos um uma família um pouco mais reservada", acrescentou ela.

Nicholas parecia extasiado por estar ao lado de Jennifer no Globo de Ouro em janeiro de 2014, quando ela ganhou o prêmio de Melhor Atriz Coadjuvante por *Trapaça*. Ele torceu pela namorada na premiação e depois Jennifer contou que eles brincaram com o filho de um amigo enquanto se arrumavam para a cerimônia: "Minha assessora de estilo, Rachel [Zoe], trouxe o adorável filho, Skylar, e nós brincamos de fazer cosquinha por um tempo." Ela também descreveu sua tipicamente tranquila maneira de se preparar para os grandes eventos: "Chamo os meus amigos e a família, então vira quase uma festa, o que é sempre muito divertido."

Ao longo do relacionamento eram frequentes os boatos de que eles planejavam se casar. Os dois surgiram em público mais uma vez em novembro de 2013, quando Jennifer apareceu usando um novo anel na mão esquerda durante um evento para a imprensa, a fim de promover *Jogos Vorazes: Em chamas*. Em abril de 2014, ela foi vista usando um anel de turquesa ao sair com Nicholas e ainda o usava durante uma viagem a Londres, mas negou qualquer plano de casamento. O casal se separou de novo no verão de 2014, culpando novamente a agenda extensa de ambos. Desta vez o romance pareceu terminar definitivamente: segundo relatos, o casal ioiô não tinha outra escolha a não ser terminar o namoro devido às exigências de suas respectivas carreiras.

Uma fonte contou ao *E! News*: "Eles passam muito tempo separados por causa do trabalho e isso dificultou o relacionamento."

E não demorou muito para Nicholas se recuperar e voltar a namorar: ele foi visto almoçando com a estrela de *Crepúsculo*, Kristen Stewart, no Daiwa, no Mercado de Peixe Tsukiji, em Los Angeles, e uma fonte explicou: "Nick vem saindo com várias garotas nas últimas semanas, mas ele e Jennifer estão separados há mais tempo do que as pessoas imaginam."

De acordo com o *Daily Star*, Nicholas e Kristen se conheceram quando gravavam o filme de ficção científica *Equals* no Japão, bem na época em que o relacionamento com Jennifer estava desmoronando. Embora os dois tenham mantido o silêncio sobre qualquer possibilidade de romance, uma fonte entregou ao jornal que entre quatro paredes, o novo relacionamento era oficial: "Nick está doido pela Kristen. É o casal perfeito: os dois são contra a fama e acreditam muito que o trabalho enobrece. Praticamente assim que Jennifer deu como encerrado o relacionamento, ele começou a sair com Kristen, mas os dois temiam dar a notícia ao público. Primeiro, por serem muitos reservados e também por não quererem ninguém pensando que houve traição em algum momento."

Kristen e Nicholas passaram muito tempo juntos, dentro e fora do set de filmagens. "Eles realmente se deram bem um com o outro, em vários níveis", disse um informante ao *HollywoodLife.com*. "Os dois realmente se entendem, têm um senso de humor esquisito. Kristen e Nicholas basicamente criaram uma relação centrada em fazer pegadinhas e brincar de pachinko, um jogo muito divertido do Japão. Ele traz à tona o lado bobo dela e os dois passam muito tempo rindo juntos, além de fazer pegadinhas com o elenco e a equipe. Eles ficaram superunidos, e é muito bom para ambos ter alguém em quem realmente possam confiar", acrescentou a fonte.

Como todos os envolvidos são notoriamente reservados, poucos detalhes dessa história foram confirmados. Segundo algumas fontes, o coração de Nicholas foi partido por Jennifer, e o romance com Kristen não passou de um casinho para ele se recuperar. Para o *Celeb Dirty Laundry*, Kristen odiava Jennifer por isso, enquanto a *Life & Style* alegava que Nicholas ainda amava Jennifer. De acordo com o depoimento de um informante à revista, Jennifer ainda era o amor da vida de Nicholas e o romance seria reatado, impossibilitando novos relacionamentos.

Também foi divulgado que Kristen estava namorando Nicholas apenas para se vingar do ex-namorado e astro de *Crepúsculo*, Robert Pattinson, que também seguiu a vida e começou a namorar a cantora e compositora britânica Tahliah Barnett, mais conhecida como FKA Twigs.

Embora não faltassem homens querendo namorar Jennifer e amigos dizendo que ela não tinha pressa para entrar em outro relacionamento por estar ocupada demais com o trabalho, bastaram algumas semanas para surgirem os primeiros boatos de que ela estaria com o vocalista do Coldplay, Chris Martin.

O rumor desse romance gerou manchetes no mundo inteiro, pois o músico britânico estava recém-separado da superestrela de Hollywood Gwyneth Paltrow.

Pouco antes de os boatos ganharem maiores proporções, Jennifer deixou claro em uma entrevista que estava pronta para namorar de novo. "Basicamente tudo o que eu preciso em um relacionamento é de alguém para ver televisão comigo", revelou a atriz, antes de mencionar o desejo por um cara que fique superconfortável ao seu lado e sinta que pode ser verdadeiro de todas as formas: "Sabe como é, um cara que não tenha medo de peidar na minha frente", disparou. "Além disso, em vez de ter um amor imenso e passional, prefiro que seja tranquilo. Esses relacionamentos são mais profundos, porque você pode ser verdadeira com a pessoa e a pessoa pode ser verdadeira com você. Não gosto de brigas e acho gente briguenta extremamente irritante. Tipo, por que você quer continuar discutindo? Não é nada atraente isso. Prefiro ficar com quem tenha o mesmo gosto que eu para reality shows", contou ela à *Vanity Fair*.

E, quando a revista francesa *Madame Figaro* perguntou sobre a fase inicial do romance com Martin, Jennifer pareceu muito envergonhada, como se o namoro fosse muito recente. Ela riu e gaguejou: "Pareço gostar de ingleses, não é? Ah, caramba, não sei. Eles [ingleses] são tão encantadores. Ah, Deus, agora estou vermelha, me coçando e suando."

Embora haja insinuações de que Jennifer começou a namorar Chris antes de ele ter encerrado oficialmente o casamento de dez anos com Gwyneth, isso nunca foi confirmado. Os primeiros boatos sobre os dois apareceram três meses após a divulgadíssima "separação consciente" de Gwyneth. O poderoso casal de celebridades anunciou a separação nada convencional no site sobre estilo de vida criado por Gwyneth, *Goop*, que costuma ser ridicularizado por defender roupas de grife caríssimas, dietas incomuns e modas estranhas em termos de beleza, como banho de vapor vaginal.

Na publicação no blog que revelava o fim do casamento, Gwyneth escreveu: "É com o coração cheio de tristeza que decidimos nos separar. Somos, acima de tudo, pais de duas crianças incrivelmente maravilhosas e pedimos que o espaço e a privacidade deles sejam respeitados neste momento difícil. Sempre conduzimos o nosso relacionamento com discrição e esperamos que ao longo de nossa separação consciente e à medida que dividimos a criação dos filhos, nós sejamos capazes de continuar da mesma forma."

Contudo, as palavras cuidadosamente escolhidas do anúncio renderam muitas piadas e deboche, especialmente no Twitter. O assessor de imprensa britânico Mark Borkowski considerou "separação consciente" a expressão do momento, enquanto o blogueiro Perez Hilton se despediu no fim do dia com: "Vou me separar conscientemente do meu laptop agora. Peço gentilmente que me deem privacidade enquanto durmo."

Empresas se separaram conscientemente seus diretores e o ator Colin Flirth anunciou sua separação consciente da voz do personagem Paddington Bear quando Ben Whishaw assumiu o papel. Enquanto isso, a Plain English Foundation definiu a expressão como sendo o pior exemplo de jargão e discurso enrolado de 2014.

Meses depois, Gwyneth admitiu que o termo era "meio bobo", mas podia ser explicado de modo simples como uma separação "com o mínimo de ressentimento".

Segundo ela: "Cometemos muitos erros e tivemos dias bons e ruins, mas preciso dizer que tenho orgulho de termos enfrentado tanta coisa juntos sem cair em ataques ou xingamentos."

Em abril de 2014, Chris alegou a Zane Lowe, da Radio 1 da BBC, que precisava se separar de Gwyneth para trabalhar o seu bem-estar emocional. "Eu não usaria a palavra colapso", disse ele quando perguntado sobre o fim do casamento. "Foi mais uma percepção de que era preciso tentar crescer, basicamente. Se você não consegue se abrir, não pode apreciar as maravilhas que estão lá dentro. Então, você pode estar com uma pessoa maravilhosa, mas devido às suas questões não consegue deixar que isso seja celebrado da forma certa."

Ele continuou falando ao DJ: "O que mudou para mim foi que eu não quero viver a vida inteira com medo disso, com medo do amor, medo da rejeição, medo do fracasso. Há uns dois anos eu estava em crise porque não conseguia gostar daquilo em que éramos bons e não conseguia gostar do que havia de bom ao meu redor por estar carregando esse peso. Preciso não culpar ninguém e fazer algumas mudanças."

Embora Chris pareça ter seguido para o romance discreto com Jennifer sem grandes problemas, muitas fontes dizem que eles tinham concordado em ir devagar no relacionamento pelo bem dos dois filhos dele, Apple e Moses.

Depois, descobriu-se que ele e Gwyneth tinham se separado sem alarde um ano antes do anúncio, o que foi um choque, pois dois meses antes da separação oficial eles fizeram o truque habitual de aparecer um público três vezes. Embora tenham feito de tudo ao longo do casamento para não serem fotografados juntos, o casal fez uma rara aparição no fim de semana do Globo de Ouro de 2014, culminando com Gwyneth elogiando Martin na festa realizada no Beverly Hilton Hotel.

Embora a atriz de *Homem de Ferro* não estivesse concorrendo a nenhum prêmio naquele ano, Chris foi indicado a melhor canção original pela trilha sonora de *Jogos Vorazes: Em chamas* com a música "Atlas", da banda liderada por ele, Coldplay. Ninguém poderia prever que em poucos meses o casal se separaria e Chris sairia com a protagonista de *Jogos Vorazes*.

Em julho de 2014, durante uma entrevista ao programa de rádio *Valentine In The Morning*, Chris confirmou que estava solteiro e novamente se abriu em relação ao relacionamento com Gwyneth pós-separação: "O que dissemos a todos no início do ano é verdade. Somos muito próximos. Não estamos juntos, mas somos próximos. Essa é a verdade e é isso. Tem muito amor, sabe? Nada de escândalo. Eu queria ter dado escândalo a vocês."

Jennifer, por sua vez, deixou claro que também estava solteira e procurando o homem ideal exatamente quando o romance com Chris parecia ganhar impulso. O casal foi visto em várias ocasiões, apesar de todos os esforços para manter a discrição no começo.

Uma fonte disse à revista *People*: "Mesmo com a vida corrida de ambos, o relacionamento é sério. Eles se veem quando podem. Jennifer entende que os filhos vêm em primeiro lugar para Chris e que o relacionamento com Gwyneth se baseia na família e que ela sempre será uma parte da vida dele. Tudo vai bem entre eles."

Porém, a notícia veio a público mesmo no verão de 2014, quando Jennifer foi vista beijando Chris em um show do grupo Kings of Leon em Los Angeles. Até aquele momento, eles tinham conseguido esconder o namoro evitando ser flagrados no mesmo lugar ao mesmo tempo. Contudo, acabou sendo impossível esconder o relacionamento por mais tempo.

O clima começou a acontecer quando eles se conheceram após um show do Coldplay no Royal Albert Hall: "Jen ficou maravilhada no show dele em Londres. A música, sem dúvida, faz parte da atração", entregou uma fonte ao *Us Weekly*. "Quanto mais ela o conhece, mais gosta dele."

Parece que os dois se deram bem logo de cara quando foram apresentados na festa pós-show no Kensington Roof Gardens em Londres.

Depois de trocarem mensagens no celular por seis meses e saírem algumas vezes, Chris apresentou Jennifer aos amigos em um jantar e depois aos avós. Ela, por sua vez, levou o cantor para conhecer os pais, mas eles foram discretos até o show do Kings of Leon no Hollywood Bowl, quando Chris deu uma canja surpresa. Jennifer foi vista tirando fotos no celular enquanto ele tocava piano em duas músicas. Após o show, o site de fofocas *Just Jared* postou: "Eles estavam brincando o tempo todo, parecendo um casal apaixonado. Ela o beijou na boca várias vezes."

A *Us Weekly* publicou que Jennifer foi ao show com amigos e Chris parecia estar procurando por ela. Quando se apresentava no palco, ele não conseguia tirar os olhos da nova namorada. "Pouco antes do horário marcado para o início do show, Jennifer Lawrence seguiu na direção do palco, cercada por algumas amigas, tentando achar seus lugares", disse uma fonte. "Pareciam meio apressadas, como se quisessem sentar antes do show começar, então alguém da equipe do teatro as ajudou."

O informante continuou: "Chris deu uma boa olhada pelo recinto e viu alguém no balcão superior. Ele apontou, disse 'Aha! Estou vendo você!', depois sorriu e acenou. Chris ficou olhando naquela direção ao longo do show e sorria, apontava, cantava para ela."

Outra fonte disse ao *E! News* que Jennifer "dançou o tempo todo e sabia a letra de todas as músicas do início ao fim".

O informante continuou: "Ela não conseguia tirar os olhos dele. Jennifer lançava olhares amorosos para Chris, com as duas mãos para cima, dançando e cantando a letra de 'Magic'."

Depois do show, ela saiu pelos fundos tentando não ser notada, cobrindo o rosto com a bolsa enquanto era levada para um carro que a esperava.

Este foi o primeiro contato oficial entre os dois, embora Jennifer já tivesse sido vista em vários shows de Chris em diversos lugares nos três meses anteriores. O público começou a suspeitar que ela talvez fosse mais do que uma fã dedicada. Pouco depois da agora famosa apresentação do Kings of Leon, a atriz também foi vista nos bastidores, tirando fotos de Chris enquanto ele se apresentava no show esgotado do iHeartRadio Music Festival em Las Vegas.

Jennifer foi vista nos bastidores do festival, no qual Chris se apresentou com o Coldplay. Embora o casal ainda não tivesse confirmado o romance, o Twitter oficial do *iHeartRadio* deu a entender que eles já estavam juntos: "FLAGRADA #JenniferLawrence nos bastidores! Quem será que ela veio ver? *Cof O novo namorado #ChrisMartin Cof* #IHeartRadio."

Outra fonte disse ao *RadarOnline.com*: "Por volta das 19h de sexta-feira, Jennifer e Chris namoravam nos bastidores, em uma área permitida apenas aos seguranças e a um seleto grupo de celebridades. "Ela estava com os braços em vota do pescoço dele. Os dois se beijavam apaixonadamente antes do cantor entrar no palco! Jennifer assistiu a tudo dos bastidores e parecia a namorada mais orgulhosa do mundo! Eles passaram o fim de semana inteiro juntos. Não estavam tentando esconder nem um pouco."

Após Chris tocar e cantar as músicas "Talihina Sky" e "Notion", o casal voltou para Los Angeles em um jatinho particular e àquela altura o romance estava visivelmente ficando sério. Poucas semanas depois, eles foram vistos em um jantar romântico no La Dolce Vita, em Beverly Hills, segundo a revista *People*, uma fonte comentou: "Eles são superfofos juntos. Os dois riam muito e Jennifer estava toda boba!"

Outra fonte disse ao *HollywoodLife.com*: "A noite ganhou um tom romântico quando Jennifer se inclinou na mesa para beijar Chris, que também se inclinou para encontrá-la. Essa foi a maior demonstração pública de afeto vista durante o jantar, mas eles definitivamente estavam se divertindo muito. Além do mais, a mesa era mais reservada, então eles estavam bem próximos."

O site também contou que o casal dividiu uma garrafa de vinho e o jantar. "Eles comeram muito: lula, algumas massas, bife... Eu não lembro tudo, mas fiquei impressionado porque eles pediram muito e não sobrou nada", acrescentou a fonte.

E embora eles não estivessem namorando há muito tempo na época, Chris apoiou Jennifer quando estourou o escândalo dos hackers e as fotos íntimas dela vazaram na Internet. Afinal, o cantor já tinha vários anos de experiência lidando com o escrutínio público.

"Chris deu todo o apoio a Jen. Ela não sabe como teria enfrentado tudo isso sem ele", contou um informante à revista *Grazia*. "Chris está totalmente calmo, dando todo o suporte. Ele tem sentimentos profundos pela Jennifer e está magoado por ela ter sido atingida por algo tão invasivo."

Após as primeiras imagens terem sido publicadas em um site de compartilhamento de fotos, foi divulgado que Jennifer buscou refúgio na casa de Chris em Malibu. Mesmo não estando lá na época, pois passava um tempo com Gwyneth e os filhos, Chris deixou que ela usasse a casa para fugir da atenção da imprensa.

Parece que ele tentou tranquilizá-la, dizendo que o tempo apagaria aquilo. Porém, quando uma segunda onda de fotos foi lançada pouco depois, Chris fez de tudo para que Jennifer tivesse todo o apoio emocional e no dia a dia.

"Jennifer é uma das atrizes mais populares de Hollywood, então, é claro que ela se preocupa com o que os outros pensam. Ela também se sente desrespeitada e traída. Em particular, ela tentou rir da situação na primeira vez, mas acontecer a mesma coisa uma segunda vez é horrível", explicou uma fonte.

Outra fonte acrescentou que Chris e Jennifer se apaixonaram e, apesar do constrangimento causado pelo escândalo, ele não tinha planos de abandoná-la: "Chris não liga para o fato de Jennifer ter tirado fotos nua, ele está mais preocupado com a invasão da privacidade", explicou uma fonte ao *HollywoodLife.com*. "É tudo muito perturbador e Chris está dando todo o apoio a ela."

Segundo o informante, Chris não é o tipo de homem que terminaria o namoro com Jennifer quando ela mais precisava: "Ele jamais daria fim ao relacionamento com Jennifer por algo assim. O casal está usando o humor para enfrentar esta situação difícil. 'Vai passar', é o que ele diz. E Chris usa seu senso de humor peculiar para ajudá-la a ver o lado engraçado de tudo. Os dois riem muito juntos, foi justamente isso que uniu o casal desde o começo. Jen está horrorizada com esse vazamento e sabe que isso pode afetar os seus papéis no futuro. Ela sabe que as grandes estrelas não se envolvem nesse tipo de polêmica e está muito horrorizada com a situação."

Parece que Chris se sentiu atraído por Jennifer por ela ser o extremo oposto de Gwyneth: "Jennifer é divertidíssima, eles não conseguem parar de rir quando estão juntos", descreveu uma fonte ao jornal *The Sun*. "Chris sente que está namorando alguém que representa tudo do qual ele sentiu falta nos últimos onze anos."

Para os amigos do cantor, Jennifer fez bem para Chris após a separação da certinha Gwyneth, conhecida por sua alimentação saudável e pela rígida rotina de exercícios físicos, enquanto Jennifer bebe, fuma, adora carne vermelha, só faz exercícios físicos quando precisa e adorar comer besteiras.

Segundo a fonte, Chris achava que a estrela de *Jogos Vorazes* deu a ele "um novo ânimo". Acrescentando: "Jennifer não se leva muito a sério e, quando não está gravando, ela só quer ficar à toa e se divertir."

O relacionamento começou a ficar sério quando o vocalista do Coldplay passou a compor canções de amor sobre a nova namorada: "Ele faz músicas para ela e adora levá-la a locais românticos e discretos. Chris está fazendo de tudo para conquistá-la. Ele é assim", contou um informante à revista *Us Weekly*.

Eles também passaram uma tarde especial no Wölffer Estate Vineyard, na Califórnia, para comemorar o aniversário de 24 anos de Jennifer em agosto de 2014. Segundo a fonte: "Eles tiveram um encontro lá. Foram muito discretos, ninguém os reconheceu. O ambiente era super-romântico. Eles assistiram ao pôr do sol juntos."

Contudo, a felicidade inicial foi atormentada pelos rumores de que Gwyneth ainda estava no jogo. Alguns diziam que ela e Chris na verdade tinham um relacionamento aberto e cogitavam reatar o casamento subitamente.

No entanto, os relatos eram confusos e conflituosos. O *E! News*, por exemplo, divulgou: "Nos fins de semana, se um deles está com as crianças e o outro não tem planos, Chris Martin e Gwyneth Paltrow se encontram e fazem algo juntos. Eles realmente se amam e se dão muitíssimo bem, apenas não são um casal. Os dois passam os feriados juntos e deixam claro para as crianças que eles sempre serão uma família."

Outro problema polêmico era a diferença de idade de treze anos entre Chris e Jennifer. Em outubro de 2014 a relação parecia ter esfriado, pois Chris passou o Dia de Ação de Graças, o Natal e o que seria o 11º aniversário de casamento com Gwyneth, Apple e Moses. Na época, parecia que Jennifer ficaria na mão, pois os relatos indicavam que Chris estava voltando com a ex-esposa.

Ele fez uma apresentação surpresa no evento de gala amfAR em Los Angeles em outubro de 2014 e Gwyneth, que apresentava o evento, ficou ao lado dele a noite toda. A atriz abriu o evento chamando Chris e o colega de banda Jonny Buckland para tocar os sucessos "Paradise" e "Viva La Vida". No discurso de apresentação, ela se derreteu em elogios ao ex-marido, a quem descreveu como pai do ano: "Este cantor e compositor brilhante vendeu oito milhões de álbuns e ganhou todos os prêmios, sendo o principal deles o de pai do ano, que ele vem ganhando consecutivamente desde 2004. Estou falando de Chris Martin, e do incrivelmente e talentoso Jonny Buckland, que juntos formam metade da lendária banda Coldplay."

Não houve qualquer indício de que Chris tenha mantido contato com Jennifer para oferecer palavras de tranquilidade quando foi visto com Gwyneth logo após o evento de gala em um restaurante de sushi em Los Angeles, onde a ex-esposa foi vista acariciando o rosto dele com carinho. Houve até rumores de que a própria Gwyneth teria chamado os paparazzi para registrar o momento íntimo em uma tentativa de separar Chris de Jennifer.

Naquela mesma noite, a protagonista de *Jogos Vorazes* foi vista em outro lugar da cidade jantando com um amigo, abatida e aparentemente furiosa pelo fato de Chris e Gwyneth ainda serem tão próximos.

Porém, Gwyneth decidiu contar ao público sobre o novo namorado, o produtor do seriado *Glee*, Brad Falchuk, que a acompanhou na estreia do filme *Mortdecai: A arte da trapaça*. A atriz não apenas ficou de mãos dadas com Brad como também fez questão de que os fotógrafos capturassem todos os momentos românticos do casal.

Isso confundiu Jennifer, que fugiu para a casa da família em busca de conforto e para tentar entender tudo aquilo. Uma fonte disse ao *MailOnline*: "Jen cansou de ver Chris brincar de família feliz com Gwyn e ficou chateada por ele estar tentando afastá-la."

Enquanto Chris foi visto em Malibu jantando e celebrando as festas com Gwyneth em uma aparente tentativa de manter a vida o mais normal possível para os filhos, Jennifer voltou para casa, no Kentucky, a fim passar os feriados de Ação de Graças com a família em 2014.

Ela se animou torcendo pelo Louisville Cardinals, time de basquete universitário da cidade onde nasceu e se destacou no meio da multidão por torcer e fazer sinais durante todo o jogo de basquete universitário da NCAA. Quando imagens dela apareceram no telão, rendendo gritos da torcida, a atriz fez um "L" com a mão para mostrar apoio ao seu time, que jogava contra o Kentucky Wildcats.

Jennifer usava uma camiseta preta da Universidade de Louisville, jeans skinny e um boné vermelho do Louisville Cardinals no jogo realizado no KFCYum! Center. O time da atriz perdeu por oito pontos, mas em um vídeo divulgado no YouTube, ela aparece fazendo o grito de guerra da torcida do seu time, "C-A-R-D-S", e comendo uma fatia de pizza.

Antes do início do jogo, ela foi levada ao vestiário, onde posou para uma foto com o radialista Terry Meiners.

Da parte dela, Jennifer certamente fazia de tudo para não ser vista sofrendo pelo namorado, preferindo aproveitar ao máximo um feriado normal com a família. Conhecida pela relação equilibrada com a fama, ela foi a um tradicional jantar e saiu para um dia de compras com as amigas, vestida bem à vontade para caçar pechinchas nas liquidações, usando sapatilhas confortáveis, calça jeans e um cardigã longo. A atriz estava sem maquiagem e protegia o cabelo com um gorro.

Contudo, havia indícios de um novo contato da parte de Chris, pois Jennifer passou um bom tempo de olho no celular. Enquanto se juntava aos compradores da Black Friday caçando barganhas, a atriz pareceu receber uma ligação do namorado. Embora não se saiba quem estava no telefone, Jennifer certamente ficou muito feliz ao ouvir a pessoa, sorrindo ao ver o nome na tela.

Independentemente de estar telefonando para ela ou não, a ausência de Chris foi uma imensa decepção para a avó de Jennifer, que ficou muito empolgada para conhecê-lo. Carolyn Koch disse ao *Sun On Sunday* que esperava encontrar o cantor na festa da família: "A mãe de Jennifer foi até Los Angeles conhecer Chris", explicou ela sobre a filha Karen. "Teremos de colocar outra cadeira na mesa do jantar no Natal. A família está ficando tão grande que talvez tenhamos que nos dividir nas festas."

Embora nem Jennifer nem Chris estivessem preparados para falar sobre qualquer aspecto do relacionamento, eles conseguiam se encontrar sempre que a agenda de ambos permitia.

Gwyneth, por sua vez, conhecera o produtor de TV Brad Falchuk em 2010 quando fez uma participação especial na dramédia musical *Glee* como uma glamorosa professora de espanhol. Em março de 2013, o casamento dele com a esposa Suzanne, com quem tem dois filhos, chegou ao fim e houve até boatos de que o caso com Gwyneth fora o motivo.

Em agosto de 2014, Gwyneth e Brad passaram um fim de semana romântico no exuberante resort de luxo Amangiri em Utah, com um informante dizendo à revista norte-americana *Star:* "Eles estavam deitados um ao lado do outro e Gwyneth fez topless."

O relacionamento sumiu de vista após essa aparição, dando a entender que Gwyneth e Chris talvez estivessem se encaminhando para reatar. Mas em janeiro de 2014 ela chegou de mãos dadas com Brad em uma festa após a estreia de seu filme, *Mortdecai: A arte da trapaça,* em Los Angeles. "O relacionamento ia e voltava, mas agora está decolando", disse uma fonte à revista *Grazia.* "Após finalmente concordar em terminar com Chris, Gwyneth está pronta para assumir um relacionamento sério com Brad. Levá-lo ao aniversário de Robert foi um grande passo."

Assim, após esperarem pacientemente por mais de um ano, Jennifer e Brad finalmente pareciam ter conseguido o romance que esperavam: "Tanto Brad quando Jen ficaram tristes por terem 'segurado vela' para o casamento de Chris e Gwyneth", explicou a fonte à *Grazia.* "Os dois acabaram percebendo que não podiam viver no limbo e precisariam resolver isso para seguir a vida adiante."

Enquanto esperava Chris se livrar de sua complicada situação conjugal, Jennifer foi obrigada a negar um romance com o amigo íntimo Bradley Cooper. As especulações de que a dupla tão unida era mais do que apenas bons amigos sempre existiram, e os dois foram vistos saindo de um hotel juntos em Nova York em março de 2015.

Em uma festa após a exibição de gala do filme *Serena*, protagonizado pelos dois, Jennifer disse à revista *US Weekly*: "Somos basicamente marido e mulher no trabalho, pode-se dizer. Mas não tem sexo! Eu sei o que vocês estão pensando!"

Contudo, no dia seguinte Bradley saiu de um hotel em Tribeca com Jennifer, carregando a cachorrinha da atriz, Pippi, embaixo do braço. A intimidade do gesto fez com que muitos especulassem que havia algo além da amizade e eles foram chamados de "Os Novos Brad e Jen" em referência a um dos casais de celebridades mais famosos de Hollywood, Brad Pitt e Jennifer Anderson.

A revista *Grazia* publicou que a suposta namorada de Bradley, a modelo e atriz britânica Suki Waterhouse, não gostou das imagens e das especulações que mostravam Jennifer e Bradley como o novo casal do momento. "Sempre teve um clima ótimo entre os dois, que se deram bem logo de cara quando começaram a filmar juntos e ficaram íntimos desde então", disse uma fonte à revista. "Eles realmente gostam da companhia um do outro. O momento não era o mais adequado antes, mas agora é diferente. Os amigos acham que é só uma questão de tempo até acabar em romance. Bradley vem se aproximando de Jen desde que se separou de Suki e eles ficaram ainda mais íntimos. Sempre houve química ali. Mesmo que eles não admitam, todo mundo consegue ver."

Quando os rumores começaram a surgir, contudo, Bradley foi visto abraçando Suki no festival Coachella em abril. O casal passou um tempo com o veterano Clint Eastwood no evento musical da Califórnia e não havia sinal de Jennifer, que passou o domingo de Páscoa com Chris. Ele pegou um avião particular de Nova Jersey para Boston, onde ela estava filmando.

Assim como negou o namoro com Bradley, Jennifer também lidava com insinuações de que estaria surgindo um romance entre ela e o colega de *Jogos Vorazes* Liam Hemsworth, cuja separação da cantora Miley Cyrus aproximadamente um ano antes havia sido bem explorada pela mídia.

De acordo com a revista *Heat*: "Eles sempre tiveram uma química absurda, mas nunca ficaram solteiros ao mesmo tempo até agora. Na verdade, quando eles se conheceram no set de *Jogos Vorazes,* a então noiva de Liam, Miley Cyrus, acompanhou as gravações provavelmente para ficar de olho neles, acho que por ciúme."

Parecia que a intérprete de "Wrecking Ball" planejava falar com Jennifer em uma festa de Natal a ser realizada no fim de 2014: "Miley quer botar as cartas na mesa", contou um informante. "Ela falou para todo mundo que pretende confrontar Jen na festa do [apresentador de TV australiano] Paul Khoury em algumas semanas. Ele é o melhor amigo de Liam e continuou a amizade de Miley após a separação. Paul conheceu Jen através de Liam, por isso, todos foram convidados. Jen não faz ideia do que vai enfrentar. Ela odeia conflitos, mas seria uma oportunidade de colocar tudo em pratos limpos. Liam ficaria furioso e, se ele souber, pode tentar impedir Miley de ir à festa. Miley sempre desconfiou que Jen é o verdadeiro motivo pelo qual Liam não reatava com ela", acrescentou a fonte.

Liam e Miley começaram a namorar em 2009, quando trabalharam juntos no filme de Nicholas Sparks, *A última música*. Em 2012, Liam a pediu em casamento com um anel de diamante Neil Lane de 3,5 quilates, mas o casal fez a última aparição pública na estreia do filme dele, *Conexão perigosa*, no DGA Theater Complex em Los Angeles, antes de anunciar oficialmente a separação no fim de 2013.

"Jen e Liam são amigos há anos e ela sempre confiou nele para contar os dramas de sua vida amorosa. Ela realmente se apoiou nele durante todo o drama com Chris Martin", continuou o relato da revista *Heat*. "Jen começou a abrir o coração sobre Chris e eles ficaram mais íntimos. Liam sabe que Jen ama coalas, então, no dia seguinte ele mandou um coala de pelúcia imenso para ela com um bilhete, dizendo: 'Aguarde o homem perfeito.'"

Jennifer já falou muito bem do galã australiano com quem dividiu a cena e em uma entrevista à revista *Nylon*, declarou: "O surpreendente para mim foi que eu jamais pensei que um homem tão bonito fosse virar o meu melhor amigo. Nunca imaginei que isso pudesse acontecer, mas aconteceu. Ele é um cara totalmente maravilhoso, amável, família, doce, hilário e incrível."

Ela também agradeceu ao irmão mais novo dos atores australianos Chris e Luke Hemsworth por ensiná-la a ser mais forte: "É a minha maior fraqueza: negociar. Sou covarde quando preciso me defender e Liam é sempre justo. Ele é sempre pontual, sempre faz o seu trabalho e é ótimo em garantir que tudo seja justo. Ele está me ensinando a ser mais dura. Foi algo importante, eu preciso disso."

E Liam parecia sentir exatamente o mesmo em relação a Jennifer: "Não poderia pedir uma colega de cena melhor; ela é ótima", disse o galã de 1,90 metro sobre a atriz no *Good Morning America*. "Jennifer se importa com as pessoas, tem um coração enorme. Ela é incrível nisso", elogiou Liam a Robin Roberts.

Embora nada indicasse o início de um romance, Liam supostamente estava solteiro desde um casinho rápido com a atriz Eiza González no início daquele ano, mas ainda conseguia fazer piadas sobre as cenas românticas com Jennifer. "Todas as vezes que precisei beijar Jennifer foi bem desconfortável", revelou o ator em uma entrevista ao apresentador Jimmy Fallon. "Olhando de fora, parece ótimo. Ela é uma das minhas melhores amigas. Adoro a Jennifer. Mas se tínhamos uma cena de beijo ela fazia questão de comer alho, atum ou algo bem nojento."

Mesmo com Jennifer insistindo que ela e Liam eram apenas muito bons amigos, em uma entrevista separada para a *Associated Press*, ele deu uma declaração emocionada sobre a amizade dos dois, acrescentando que ela o ajudou a lidar com as consequências de ter cancelado o casamento com Miley Cyrus. "Por alguns anos, eu segui um caminho no qual me esqueci de viver o momento e apreciá-lo. Mas estando perto de alguém como Jen, que é muito honesta e ri o dia inteiro, sou obrigado a viver o momento. Estou muito mais feliz."

Naturalmente as palavras carinhosas de um em relação ao outro levaram a especulações, e a revista *OK!* foi um dos diversos veículos que sugeriam regularmente o início de um namoro. Segundo uma fonte, o romance começou quando Jennifer estava superando o vazamento das fotos íntimas, que aconteceu justamente na época em que o relacionamento com o Chris esfriou por um tempo: "Aconteceu enquanto eles estavam na Alemanha promovendo o filme, tendo uma conversa franca no quarto de Liam no hotel. Jennifer não estava conseguindo lidar com todo o assédio da imprensa em torno da separação de Chris Martin e do escândalo das fotos íntimas, e ele fez questão de ser um ombro amigo", disse a fonte, revelando também que o apoio de Liam despertou sentimentos românticos nos dois.

"Liam disse algo para deixar a atmosfera mais leve, fazendo Jen rir, então ela o abraçou. Definitivamente teve um clima ali. Era como se ela subitamente tivesse notado que ele era o cara certo. Liam, obviamente, sentia o mesmo, pois eles decidiram naquele momento que gostariam de ficar juntos."

A fonte chegou a sugerir que embora "sempre tenha havido uma ligação", foi só nesse momento específico que tudo subitamente se encaixou.

De acordo com a revista *OK!*, Jennifer e Liam tiveram um momento súbito no qual perceberam que eram realmente almas gêmeas. Para outro informante, "Jennifer definitivamente teve um momento marcante" com Liam.

Segundo a revista *Heat*, os dois "pretendiam manter tudo muito discreto para poder ver onde o destino os levaria. Eles sempre tiveram uma química absurda, mas nunca ficaram solteiros ao mesmo tempo até agora. Jen e Liam são amigos há anos e ela sempre confiou nele para contar os dramas de sua vida amorosa. Ela realmente se apoiou nele durante toda a situação com Chris."

Os dois aparentemente se uniram graças ao amor por cachorros. Liam é conhecido como "encantador de cães" entre o elenco de *Jogos Vorazes*. O intérprete de Gale Hawthorne na franquia adora dividir seus conhecimentos sobre animais de estimação: "Ele sempre me dá conselhos sobre cachorros, e eu nem peço. É o que eu chamo de 'rei' de cães", brincou Jennifer com a revista *Heat*.

O próprio Liam interrompeu: "Bom, se o seu cachorro agir como idiota, mijando em tudo quanto é canto e você não souber o que fazer... Ele é um mestre, um encantador de cães", acrescentou o colega de elenco Josh Hutcherson.

Jennifer concordou que Liam é bom em treinar cachorros de comportamento difícil, mas ela se recusa a ouvir os conselhos do amigo sobre animais de estimação, pois a cachorrinha dela é "fofa" demais para levar broncas.

Também perguntaram ao trio inseparável se a amizade é a responsável pelas trocas mútuas de gentilezas. No início, eles foram firmes na negativa, até Jennifer admitir que tem, sim, um lado doce.

"Dei a Josh um drone em formato de helicóptero no aniversário dele", explicou ela. "Fiquei com medo de ele adivinhar o que era, então, menti dizendo que era um desses aspiradores de pó controlados pelo celular e ele acreditou. Aí eu falei: 'Estou brincando, é um helicóptero!' Mas Liam e eu não fazemos nada gentil."

Talvez isso não seja bem verdade, pois Jennifer e Liam pareciam estar mais próximos do que nunca durante a campanha promocional do filme. O clima de flerte parecia indicar que eles estavam nos estágios iniciais de um romance e, no fim da turnê promocional, Jennifer ficou triste com a separação: "Acho que acabamos a turnê promocional do filme. Tenho mais uma coisinha para gravar em *Jogos Vorazes*. Temos apenas uma cena a fazer para o final", disse ela à revista *Interview*. "Não estou nada feliz com disso. E agora Liam está fazendo um filme na Austrália por dois meses. É o maior tempo que nós três já passamos separados."

Também foi divulgado que a família de Jennifer estaria pressionando para que ela levasse o relacionamento com Liam a sério e o transformasse em namoro: "Liam e Jen sempre foram unidos, há uma ligação verdadeira entre eles, que recorrem um ao outro quando têm problemas", contou um informante à *Heat*. "Os amigos e a família estão desesperados para que ela largue o Chris. Eles acham que Liam é melhor para ela e não tem toda a bagagem da Gwyneth e os filhos. Está sendo difícil para Jennifer colocar a cabeça no lugar, e é por isso que ela vem se apoiando no Liam. Jen quer assumir um compromisso com Chris, mas ele ainda passa muito tempo com Gwyneth por causa das crianças. Jen às vezes se sente sozinha e Liam está preenchendo essa lacuna. Eles estão em contato o tempo todo. Há amor verdadeiro ali", acrescentou o informante.

Segundo os relatos, outros amigos de Jennifer torciam para que ela terminasse com Chris e ficasse com Liam.

"Claramente há uma espécie de 'corrida' entre Chris e Gwyneth para ver quem arranja um novo amor primeiro", publicou a revista *OK!*.

Porém, a *Heat* voltou à ideia de que Jennifer pode acabar ficando com o colega de *Jogos Vorazes*: "Liam e Jen sempre foram unidos. Há uma ligação verdadeira entre eles, que recorrem um ao outro quando têm problemas. Os amigos e a família estão desesperados para que ela largue o Chris. Eles acham que Liam é melhor para ela e não tem toda a bagagem da Gwyneth e os filhos."

Outras fontes dão a entender que o romance de Chris e Jennifer esfriou depois de apenas quatro meses porque ele se sentia inseguro em relação ao guarda-costas bonitão dela. Justin Riblet realmente causou uma sensação e tanto quando foi fotografado ao lado da atriz no Aeroporto Internacional de Los Angeles em dezembro de 2014, gerando um frenesi no Twitter. Chris supostamente não ficou nada feliz com toda a atenção. Segundo o *Celeb Dirty Laundry*, Chris temia que houvesse "mais nesse relacionamento do que os serviços de segurança."

O fato de Riblet ser maduro e instruído, além de bonito, só aumentou a ansiedade de Chris, e muitos fãs se perguntaram abertamente por que Jennifer namoraria o roqueiro quando estava com o Riblet o tempo todo.

"Ele parece um modelo", escreveu uma pessoa no Twitter.

"Se eu fosse a Jennifer, sairia com ele", comentou outra fã. "Quero ser a Jennifer por um dia e ter JR ao meu lado."

Enquanto isso, a revista *The Cut* o batizou de "The Hottyguard" ("O Guarda-Costas Gato," em tradução livre).

De acordo com o perfil de Riblet no LinkedIn, ele é graduado em Justiça Criminal pela Universidade Rutgers. Ele se formou em 2007 e passou cinco anos no exército dos EUA, como sargento das forças especiais.

Embora não haja evidências indicando que ele e Jennifer tenham vivido algo além de um relacionamento profissional, é claro que ela não seria a primeira celebridade a ter se apaixonar por um segurança. A supermodelo Heidi Klum se envolveu com o guarda-costas Martin Kirsten por quase um ano e meio, em um relacionamento que começou após o fim do casamento dela com o músico britânico Seal. Amy Winehouse, Britney Spears, Kate Gosselin, Scarlett Johansson e Kim Kardashian são outras celebridades que teriam se apaixonado pelo guarda-costas. E o guarda-costas de Karl Lagerfeld, Sebastien Jondeau, é tão bonito que o diretor criativo da Chanel o escolheu para ser modelo em campanhas da marca.

Mais ou menos na mesma época em que esteve afastada de Chris Martin, Jennifer precisou lidar com outros boatos de namoro após ter sido vista na casa do produtor de cinema Gabe Polsky por mais de cinco horas em uma noite. "Eles pediram umas pizzas e mais ou menos meia hora depois veio outro entregador com mais pizza", disse uma fonte ao *New York Daily News*. "Eles definitivamente não estavam lendo roteiros. Os dois estavam se divertindo."

Ela foi vista chegando à casa do belo produtor de cinema em Beverly Hills com a cadelinha Pippi nos braços e vestindo roupas de ginástica. Jennifer usava um moletom com capuz cinza e legging, além de tênis, um top preto e um gorro branco cobrindo os cabelos louros.

A atriz levou um rápido susto quando a cadelinha correu pela rua, mas Polsky apareceu e resgatou o bichinho. Uma fonte disse ao site *Daily News*: "Os dois foram vistos na residência dele por umas cinco horas, com Lawrence saindo naquela mesma noite. Durante o período em que estiveram juntos, a dupla pediu pizza não uma, mas duas vezes!"

Embora ele tenha namorado uma das melhores amigas de Jennifer e a dupla talvez estivesse falando sobre trabalhar em um projeto juntos no futuro, imediatamente houve quem sugerisse a existência de algo mais nessa amizade com Gabe Polsky, que por acaso se parece muito com Chris Martin.

Polsky escreveu, dirigiu e produziu o documentário *Red Army*, de 2014, sobre a União Soviética e seu time de hóquei no gelo. Com o irmão Alan, ele é dono da produtora Polsky Films, responsável por *Vício frenético*, estrelado por Nicholas Cage em 2009. Os irmãos também trabalharam em outros filmes, incluindo *A vida em motéis*, de 2012, estrelado por Emile Hirsch, Stephen Dorff, Kris Kristofferson e Dakota Fanning, e *Little Birds*, de 2011, com Juno Temple, Kate Bosworth e Leslie Mann.

Jennifer não conseguiu lidar bem com tamanha exposição e, na véspera do Natal de 2014, ela saiu de Hollywood e voltou à cidade onde nasceu para ficar com a família. Durante a breve viagem ao Kentucky, a atriz encontrou tempo para tirar fotos ao lado de pacientes do Hospital Infantil Kosair de Louisville. Jennifer alegrou várias famílias com visitas às crianças doentes, incluindo Gage Besing, um menino de seis anos de idade que lutava contra um glioma pontino intrínseco difuso.

Jennifer também visitou Tyler Foster, de Muhlenberg County, que recebia tratamento para um câncer ósseo. Segundo uma postagem da família de Tyler no Facebook, a única celebridade que ele gostaria de conhecer era Jennifer Lawrence e o desejo dele se realizou.

Enquanto Jennifer estava longe, Chris passou as festas com a família: "Não foi nada dramático", contou um informante ao *E! News*. "As coisas simplesmente não deram certo", continuou, acrescentando que Chris e Jennifer tinham se separado algumas semanas antes de a notícia vir a público. "Não há ressentimento entre eles."

Independente de Chris e Jennifer terem se separado ou não, ele parecia estar muito próximo da ex-esposa e dos filhos durante o Natal. O vocalista do Coldplay e Gwyneth levaram as crianças ao i-Plaza Nail & Spa em Tribeca: "Eles pareciam muito carinhosos um com o outro", revelou uma fonte à coluna *PageSix*.

O casal separado estava "rindo muito, fazendo piadas, e Chris até abraçou Gwyneth", segundo outra fonte. Chris também distraiu os filhos, dançando e cantando junto com as músicas de Natal que tocavam no salão enquanto esperava Apple fazer as unhas.

Aparentemente, Gwyneth odiou a ideia de passar seu primeiro Natal solteira e não queria que Apple e Moses precisassem dividir o tempo entre os pais. Um informante disse à revista *Closer*: "Ela sugeriu que Chris viesse passar as festas com ela, convidou a família dele e planeja uma grande festa na véspera do Natal e um banquete no dia seguinte. Gwyneth disse que as festividades do ano passado foram muito tensas entre ela e Chris, mas agora eles estão em uma situação muito melhor e podem se divertir", explicou a fonte.

Dias depois, eles pareciam mesmo "inseparáveis" durante a abertura de uma loja Goop em Dallas, que obviamente não tinha nada a ver com as crianças. "Eles tentaram evitar as câmeras, mas Chris grudou nela como cola. Havia um carinho que você associaria a um casal apaixonado", especulou uma fonte ao *Radar Online*.

Eles também viajaram à Nova York para prestigiar a amiga Cameron Diaz quando ela apresentou o *Saturday Night Live*. "Apesar de estarem separados, eles são incrivelmente carinhosos! Há um boato entre os amigos de que eles ainda estão dormindo juntos", revelou uma fonte. "Eles até ficaram no mesmo quarto de hotel, tanto no Texas quanto em Nova York."

Nem Gwyneth nem Chris deram qualquer indício de uma eventual reconciliação, mas se acredita que a proximidade dele seja o motivo pelo qual Jennifer tenha se afastado no período de festas. Ela se sentia em segundo plano quando estava com Chris e sentia que não tinha escolha a não ser recuar enquanto ele estivesse tão próximo da ex. De acordo com uma fonte do *HollywoodLife*, "Jennifer não podia competir e nem queria isso. Está claro que Chris ainda não superou o término com Gwyneth e a prioridade dele são os filhos. Jennifer o respeita muito, mas quer um homem para chamar de seu. E Chris anda passando muito tempo com Gwyneth e os filhos ultimamente. Isso foi demais para Jen. Ela não quer ficar em segundo lugar para ninguém. Não dá para culpá-la. Gwyneth ainda tem muito controle sobre ele, o que não é nada bom para uma namorada em potencial. Do jeito que a situação está no momento, ninguém gostaria de ser cúmplice da separação consciente deles."

Foi quando descobriram os planos de Chris para tirar um período de folga da banda a fim de se concentrar na vida pessoal. Os fãs ficaram chocados quando ouviram que Jennifer tinha ameaçado ir embora de vez se ele não deixasse de passar todo o tempo livre que tinha com Gwyneth.

"É difícil para ela entender os sentimentos entre Chris e Gwyneth", disse uma fonte ao *Celeb Dirty Laundry*. "Não sabemos se Jennifer largou Chris por ter descoberto que ele ainda dormia com Gwyneth ou se Chris e Jennifer terminaram por um motivo totalmente diferente, mas ele logo pulou de volta na cama com Gwyneth porque não consegue ficar solteiro por um dia sequer. Independentemente das circunstâncias, só há uma certeza: Chris Martin está fazendo um jogo perigoso."

No fim de dezembro de 2014, Gwyneth confessou que ainda tinha dúvidas sobre a separação. A atriz falou abertamente à revista *Harper's Bazaar*, explicando que sempre pensa em como tudo seria melhor se eles tivessem mantido o casamento: "Cometemos muitos erros e tivemos dias bons e ruins, mas preciso dizer: tenho orgulho de termos enfrentado tanta coisa juntos sem cair em ataques ou xingamentos.

"Sem dúvida há momentos em que acredito que teria sido melhor se continuássemos casados, pois é o que os filhos sempre querem. Apesar disso, fomos capazes de solidificar essa amizade e ficamos realmente próximos."

A família saiu de Londres para Los Angeles e Gwyneth revelou o quanto estava feliz com a mudança. "Estamos bastante confortáveis com isso, pois é algo que nos é muito familiar. Outro dia eu estava deitada na grama e, enquanto as crianças brincavam, olhei para o céu e as palmeiras, e havia algo no clima, no cheiro. Foi como voltar a ter 8 anos de idade", comentou. "Senti uma lembrança forte de ser criança aqui. É um lugar incrível para ser criança e é ótimo ver os meus filhos tendo esta experiência."

Porém, assim que os feriados natalinos acabaram, Jennifer e Chris voltaram a se encontrar e pareciam fazer de tudo para retomar o namoro, chegando até a passar o réveillon juntos.

Surpreendentemente, eles foram vistos em um restaurante japonês de Los Angeles, fomentando os fortes boatos de que teriam retomado o namoro discreto. Surgiu uma foto do casal sentado no restaurante tranquilo chamado Kiwami Sushi na área de Studio City, conversando felizes da vida enquanto comiam com seus hashis, cada um do seu lado da mesa.

Jennifer usava um casaco cinza e calça preta, e Chris também estava casual, com a barba por fazer. Apesar dos boatos alegando que Jennifer teria terminado o relacionamento por sentir que a intromissão de Gwyneth era demais para ela, o casal parecia mais feliz do que nunca.

Segundo uma pessoa que viu os dois: "Eles pareciam imersos no próprio mundinho particular. Estavam totalmente ligados um no outro e não viram mais ninguém ao redor. Os dois pareciam bem felizes e Chris realmente prestava atenção ao que ela dizia."

Dali em diante a relação ficou melhor do que nunca para o casal, com Jennifer até planejando uma transformação em termos de estilo e moda. Amigos revelaram que embora seja conhecida pelo visual modesto e elegante, Jennifer queria dar uma repaginada para se encaixar no cenário musical: "Ela realmente quer parecer descolada, como a namorada de um deus do rock deve ser", contou um informante à edição norte-americana da revista *OK!*. "Esse novo relacionamento fará Jennifer entrar em um estilo de vida totalmente novo, que envolve shows e turnês. Ela é fã disso tudo e está amando a nova vida como namorada de uma lenda da música."

De acordo com os boatos, Jennifer estava doida pra se livrar da "imagem desajeitada" e trocá-la por algo mais alternativo: "Ela gastou dinheiro em uma vasta gama de camisetas e calças jeans novas e modernas para representar bem o papel nos bastidores enquanto Chris estiver se apresentando. Tudo isso faz parte da postura de 'não estou nem aí' em relação à vida desde a humilhação que foi o vazamento daquelas fotos íntimas", concluiu a fonte.

Chris e Jennifer decidiram oficializar o romance aparecendo juntos em público na celebração do aniversário de 21 anos de Harry Styles em uma festa luxuosa e cheia de famosos em fevereiro de 2015. Além da namorada do astro do One Direction e modelo da Victoria's Secret, Nadine Leopold, outros convidados para a festança no Lulu's Café em Los Angeles eram David Beckham, Adele, Courtney Cox e Cara Delevingne.

Foi a primeira vez que o casal compareceu abertamente a um grande evento e, de acordo com o site *Just Jared*, eles ficaram um ao lado do outro o tempo todo durante festa que custou duzentas mil libras. Contudo, a aparição supostamente deixou a modelo britânica Alexa Chung "totalmente constrangida", visto que ela e Chris tiveram alguns encontros amorosos após a separação de Gwyneth, mas o relacionamento nunca chegou a decolar. "Alexa não via o Chris desde que eles saíram no ano passado e ficou totalmente constrangida quando o viu entrando de mãos dadas com Jennifer Lawrence", disse uma fonte ao *Closer*. "Ela evitou o casal a noite toda e ficou meio chateada na frente dos amigos, dizendo o quanto era difícil ver Chris com outra pessoa."

Chris e Jennifer teriam flertado abertamente um com o outro na festa e, apesar de todos os esforços para enfrentar a situação com coragem, Alexa ficou chateada com o clima no evento: "Chris e Jennifer mantinham contato físico o tempo todo, o que magoou ainda mais Alexa", acrescentou um informante. "Ela tentou falar com ele quando Jennifer conversava com outros amigos, mas disse aos amigos dela que foi muito esquisito."

Poucos dias depois, Chris e Jennifer saíram de novo, dessa vez para um jantar íntimo no badalado ponto de encontro de Hollywood, Chateau Marmont.

"Quanto mais ela o conhece, mais gosta dele. Segundo Jennifer, ele é superengraçado e um doce."

Apesar de passar o máximo de tempo que podia com o vocalista do Coldplay, Jennifer se recusava a abandonar as amigas e fazia tudo para levar a vida normalmente. Alguns dias antes do encontro no Chateau Marmont, ela foi atacada por fazer um gesto obsceno enquanto comemorava o aniversário de uma amiga. Na festa para Lauren Ash, ela foi fotografada pela atriz Rebel Wilson, que publicou a imagem em sua conta do Instagram, o que suscitou vários comentários sobre como a Jen festeira é diferente da ex-esposa certinha de Chris, Gwyneth.

Jennifer também curtiu noitadas com a premiada cantora Adele. As duas foram vistas no exclusivo restaurante Craig's em West Hollywood. De acordo com o *Just Jared*, elas pareciam ter se divertido à beça durante o jantar, botando o papo em dia em uma mesa mais reservada no canto: "Adele e Jen ficaram muito animadas a noite inteira", entregou uma fonte ao site. "As duas usavam salto alto e estavam vestidas de preto dos pés à cabeça. Jen tinha o cabelo solto em um penteado curto e estava uma gracinha!"

Junto com a dupla de celebridades estavam a diretora de Relações de Entretenimento da Dior, Stacey Kubasak, e um acompanhante.

Dias depois, Jennifer e Chris foram vistos jantando à luz de velas no Madeo, um restaurante chique de Los Angeles. Eles chegaram pela porta dos fundos, jantaram no restaurante principal por duas horas e pediram vários itens do cardápio. O par dividiu um mil-folhas na sobremesa e, segundo um observador, os dois estavam "gargalhando" e "rindo" durante o encontro, parecendo felizes da vida.

Outra fonte disse à coluna *Page Six* do *New York Post*: "Eles estavam totalmente ligados um no outro. O romance está rolando, sem dúvida."

E um terceiro observador relatou à *People*: "Eles pareciam felizes e totalmente concentrados um no outro. Estavam sorrindo, conversando e sendo carinhosos. Mesmo que os dois tenham uma vida corrida, o relacionamento está firme. Eles se veem quando podem. Jennifer entende que os filhos vêm em primeiro lugar para Chris e o namoro dele com Gwyneth se baseia na família e ela sempre fará parte da vida dele. Tudo vai bem entre eles."

A decisão inesperada de enfrentar os holofotes aconteceu logo depois de Gwyneth aparentemente aprovar o namoro deles em uma série de entrevistas reveladoras, que levaram Jennifer a se sentir mais confortável para levar o relacionamento mais a sério: "Jen considerou os comentários de Gwyneth um sinal verde para assumir o relacionamento deles em público. Ela está persuadindo Chris a oficializar tudo", disse uma fonte ao *Closer*. "Jen está cansada de se esconder e tentar guardar segredo, pois isso dá a impressão que o relacionamento deles é polêmico ou que ela está fazendo algo errado. Jen agora quer mostrar ao mundo que ela e Chris são um casal."

Quando Howard Stern perguntou sobre o novo relacionamento de Chris no programa de rádio *SiriusXM*, Gwyneth respondeu: "Quem disse que eu não aprovo [Jennifer]? Por que não? Por que isso seria um problema? Eu o respeito como pai dos meus filhos. A vida é dele, a decisão é dele. Eu realmente acho que ele ama muito os filhos e não creio que ficaria com uma pessoa que não fosse incrível. Se eu estiver errada, volto aqui e conto para você."

Explicando a amizade com Chris, ela continuou: "A ideia é tentar fazer isso com o mínimo de ressentimento, então você diz: 'Olha, nós temos filhos, sempre vamos ser uma família e vamos tentar achar todos os pontos positivos do nosso relacionamento, tudo o que nos uniu, a amizade.' Ele é encantador. É um querido. Nós temos uma amizade muito forte, rimos e nos divertimos, mas às vezes, quando há muitas dificuldades, você pensa: 'Tenho certeza que ele não quer conviver comigo e vice-versa,' Aí, em nome das crianças, a gente releva isso, embora não seja uma convivência tensa."

Quando o radialista perguntou como funcionava a "separação consciente", Gwyneth explicou: "É uma ideia muito nobre, embora o termo seja meio bobo. Você diz: 'Quero muito encontrar o meu amor por você, perdoar você e quero que você me perdoe e vamos nos divertir como família.' Porque eu sei que ele vai fazer parte da minha vida para sempre. Quando falei com os meus amigos que cresceram com pais divorciados, houve um ponto comum, que era: 'Ah, sim, agora meus pais estão ótimos e os dois foram ao meu casamento, mas eles não se falaram por cinco anos' ou 'Eles não ficaram no mesmo recinto por sete anos'. E eu pensei: 'Será que podemos pular esta parte? Porque eu não quero fazer isso com meus filhos.' Temos sorte, pois temos um estilo de criar os filhos e uma filosofia muito parecidos. Concordamos em relação a isso."

Stern então perguntou a Gwyneth como ela se sentiria se Chris namorasse a cantora Rihanna. "Ela é legal", definiu a atriz.

Quando questionada sobre a atriz Lindsay Lohan, Gwyneth respondeu: "Existe redenção, as pessoas conseguem se recuperar."

Ela também falou sobre o famoso relacionamento com Brad Pitt: "Eu realmente me apaixonei. Ele era muito lindo e doce. Bom, era o Brad Pitt! Eu era tão novinha, tinha 22 anos quando nos conhecemos. Precisei chegar aos 40 anos para prestar mais atenção em tudo ao redor. Não dá para tomar essa decisão aos 22 anos de idade. Eu não estava pronta e ele era bom demais para mim. Eu não sabia o que estava fazendo."

Poucos dias após Gwyneth aparentemente ter aprovado o relacionamento, Chris e Jennifer pareciam mais tranquilos para aparecer em público. Houve até sugestões de que eles nunca chegaram a se separar e de alguma forma conseguiram continuar se encontrando discretamente, esperando que as pessoas perdessem o interesse neles.

O *Celeb Buzz* disse: "Fontes próximas [a Jen e Chris] revelam que eles nunca terminaram. O casal só queria que o público *pensasse* que isso tinha acontecido."

Apesar de Gwyneth parecer tranquila em relação a isso, houve também relatos contraditórios alegando que na verdade ela não estava feliz com o fato de Chris seguir em frente. Por isso ele talvez estivesse sendo cuidadoso em respeito à ex-esposa. "Chris se sente dividido. Ele sabe que corre o risco de perder Jen se não oficializar logo a relação, mas disse a ela que está tentando ir devagar por causa de Gwyneth", explicou um informante. "Parece que ele não tem certeza se ela está pronta para ver o ex-marido fazer parte do mais novo casal de Hollywood ao lado de Jen."

O *The Stir* publicou: "Aparentemente, Chris e Jen até encontraram um jeito para que ele a visitasse em sua casa de Los Angeles quando estivesse na cidade sem que ninguém descobrisse. Considerando o quanto os paparazzi são espertos (eles são, basicamente, ninjas com câmeras), foi uma proeza e tanto da parte do casal. Imagino que os dois devem ter criado um sistema de apoio muito bom ao redor deles, cheio de pessoas que saibam guardar segredos muito bem."

Enquanto isso, segundo o *Radar Online*, Chris estaria impressionado a ponto de querer apresentar Jennifer a Apple e Moses. "Chris está apaixonadíssimo por Jen, eles estão se divertindo muito juntos", disse uma fonte ao site. "Tudo aconteceu muito rápido e é extremamente intenso. Apple e Moses ainda não conheceram a namorada do pai. Chris não falou sobre o relacionamento com Gwyneth em respeito à ex-esposa. Isso não vai acontecer logo de cara. Ele quer ter certeza de que este relacionamento não vai desaparecer antes de dar um passo tão grande. Ele pensa nesta relação em longo prazo. Mas parece não ter certeza se Gwyneth está pronta para vê-lo protagonizar o novo casal de Hollywood com Jen."

Àquela altura, Jennifer ainda não tinha conhecido Gwyneth e decidiu não comparecer ao Oscar de 2015, pois Gwyneth queria ir e eles preferiram evitar um encontro constrangedor no tapete vermelho.

"Chris não gostaria que elas se encontrassem agora", disse um amigo de Jennifer à *Us Weekly*: "Até agora, Gwyneth e Chris estão criando os filhos sem o envolvimento de Jen."

Enquanto isso, o *Gossip Cop* sugeriu que Gwyneth não queria Jennifer perto dos filhos, mas Chris estaria esperando o momento certo para apresentá-los, acrescentando que ele era o responsável por adiar esse encontro.

Porém, o *Celebrity Dish* alimentou os rumores de que a situação não era tão harmoniosa quanto parecia, dizendo: "De acordo com o último relato do *Naughty Gossip*, Jennifer Lawrence tem 'exigências' para Chris Martin. Mais especificamente, Jennifer mandou que Chris ficasse longe de Gwyneth Paltrow, que não a visse, não falasse com ela e basicamente tivesse a interação mais limitada possível com a ex-esposa. Como eles estão criando dois filhos juntos, afastá-la completamente está fora de questão."

As fontes do *Naughty Gossip* também disseram que Chris aparentemente não levou a sério as exigências de Jennifer, por acreditar que elas seriam causadas por ciúme e insegurança.

Se a situação já parecia confusa para quem estava de fora, os boatos ganharam grandes proporções no fim de semana do Dia dos Namorados nos EUA, em fevereiro de 2014, quando Chris decidiu passar o feriado romântico com a ex-esposa e não com Jennifer, fomentando os rumores de uma eventual reconciliação. O ex-casal passou o dia na praia com Moses e Apple e até andou de braços dados na areia diante do cão maltês Daffodil, no que parecia ser a epítome da família feliz.

Eles também levaram ao passeio o filho da atriz Kate Hudson, Ryder, que é amigo de Moses. Enquanto isso, Jennifer estava a milhares de quilômetros de distância, em Boston, onde foi vista no restaurante Scampo do Liberty Hotel jantando com amigos, incluindo o produtor John Davis.

Àquela altura dizia-se que Chris esperava uma reconciliação. De acordo com a *Grazia:* "Ele fez de tudo para que isso acontecesse durante o ano passado, fez até 'dever de casa' e leu a pilha de livros de autoajuda sugeridos por Gwyneth para ajudá-lo a se 'atualizar'. Chris fez canções de amor para ela e deu uma pausa no relacionamento com Jen mais de uma vez."

Ainda segundo a revista, o esforço do cantor estava dando resultado. "Gwyneth sempre deixou claro que há esperança de reatar o relacionamento. Eles até decidiram adiar indefinidamente o divorcio oficial, mas foi só nas últimas semanas que ela pareceu disposta a retomar o casamento. Eles passaram o Dia dos Namorados juntos por sugestão dela. Nenhum dos dois valorizou a ocasião em si, mas é claro que ela achou que seria um belo gesto para as crianças e também parecia uma forma de sondar o terreno para a retomada total da relação. Eles agora estão mais próximos do que nunca. Chris deixou claro para Jen que Gwyneth e sua família são prioridade. Por isso o novo romance permanece casual enquanto tudo se resolve."

Poucas semanas depois, contudo, Chris estava de volta à praia com Kate Hudson, que riu das piadas dele e usava um pequeno biquíni Mara Hoffman. Ela estava solteira desde o término do noivado com Matt Bellamy, vocalista do Muse, e teve um relacionamento rápido com o instrutor do programa *Dancing With the Stars*, Derek Hough. Naquela mesma noite os dois foram vistos em um restaurante com o filho de Kate, Bingham. "As crianças já são amigas. Kate tem várias qualidades que Chris gostava em Gwyneth. Ela cozinha muito bem e valoriza bastante a família, embora também seja muito diferente da ex, de um jeito que ele gosta. Ela é muito tranquila e engraçada, basicamente uma mistura de Jen e Gwyn", descreveu um informante à revista britânica *Heat*. "Kate gosta do Chris há tempos. Eles são amigos há anos, mas ela estava com Matt Bellamy. Em outubro, Chris foi para a festa de Halloween de Kate e todos comentaram a química entre eles. Aí ela terminou com Matt pouco antes do Natal, mas Chris estava com Jennifer. Agora parece que, finalmente, é o momento perfeito. Gwyn não parece querer reatar com ele, embora também não deseje vê-lo namorar uma amiga mais próxima deles."

A *In Touch* também publicou a reviravolta chocante de Chris na edição de abril: "Como Kate e Matt se separaram no último outono, ela está toda grudenta com Chris, ligando o tempo todo para sugerir encontros com a desculpa de juntar as crianças para brincar. Foi exatamente assim que o dia na praia e o jantar acabaram acontecendo", disse uma fonte à revista. "Kate sabia que Gwyneth e Jennifer estavam fora da cidade, então, aproveitou a oportunidade para se aproximar de Chris."

Já a revista *Star* publicou que Chris recorreu a Kate após Jennifer ter feito um ultimato: divorciar-se da esposa ou acabar o relacionamento. Ao que tudo indica ele escolheu o casamento em vez de Jennifer e depois encontrou outra mulher que aparentemente não se importava que Gwyneth e ele ainda não tivessem se divorciado.

De acordo com a edição de 30 de março de 2015 da *Star*, Chris e Kate estariam namorando em segredo havia semanas: "O casal, que não mostrava timidez e flertava abertamente diante dos paparazzi, transformou o encontro diurno em uma reunião familiar. Kate levou os filhos Ryder e Bingham, enquanto Chris levou os filhos Apple e Moses. Aparecer juntos na praia foi a maneira que encontraram para assumir o relacionamento em público, pois sabiam que chamariam a atenção."

A sugestão de um início de romance entre Chris e Kate foi outro golpe imenso para Gwyneth. Ela teria ficado tão arrasada que imediatamente começou uma dieta e um regime de exercícios físicos radicais.

"Gwyneth se orgulha de ter um corpo melhor agora do que aos 22 anos, mas ver Chris namorando alguém tão jovem fez com que ela realmente quisesse garantir que está no auge da forma", explicou uma fonte à *Radar*. "Não é nem por ele. É por ela, mas Gwyneth precisa sentir que está mais bonita do que qualquer outra pessoa que ele venha a namorar. Ela é incansável em relação à aparência."

As pessoas mais próximas temiam que a atriz estivesse exagerando: "Os amigos dela cogitaram uma crise da meia-idade e ficaram em alerta", contou um informante à revista *Heat*. "Ela é a pessoa mais competitiva de Hollywood e também está se arriscando mais no visual a fim de tentar parecer mais jovem", disse a fonte.

De acordo com a revista *Grazia*, essa história teria arruinado a amizade entre Kate e Gwyneth. Elas ficaram íntimas quando moravam em Londres, cada uma com seu próprio roqueiro britânico como marido. "Gwyneth considera isso uma traição. Ela e Kate eram muito unidas, mas a amizade esfriou nos últimos anos. Ver Kate e Chris se dando tão bem é difícil para ela", disse uma fonte à revista. "Kate e Chris sempre tiveram um ótimo relacionamento, mas definitivamente há química entre eles agora. Kate é tranquila e calma, algo que Chris adora. Além disso, ela realmente gosta da música que ele faz e é louca por músicos. Eles gostam de ficar juntos."

Mas as saídas públicas de Chris e Kate eram um tanto quanto constrangedoras para o grupo de amigos em comum: "Gwyneth está arrasada porque Chris está convivendo tanto com uma pessoa que ela considerava uma ótima amiga", publicou a *Grazia*. "Ela ainda lembra que todos costumavam sair juntos. Além disso, Kate e Gwyneth têm amigas em comum, como Stella McCartney e Liv Tyler, então, há muita tensão nesse grupo agora. Kate e Chris não teriam saído em público com as crianças se não estivessem confiantes em relação à amizade deles. Os dois sempre foram muito bons em manter as famílias longe dos holofotes."

De acordo com o site *Design&Trend*, Jennifer estava determinada a reconquistar Chris, com um informante acrescentando que "ela não vai cair sem lutar". "Jen não vai deixar isso acontecer", disse a fonte. "Ela investiu muito tempo para fazer esse relacionamento funcionar."

Claro que Jennifer também estava livre para sair com outras pessoas e, mais ou menos nessa mesma época, foi divulgado que ela ainda estava em contato com o ex-namorado, Nicholas Hoult. Segundo a edição de fevereiro de 2014 da revista *OK!*: "Jen procura Nicholas Hoult o tempo todo para pedir conselhos e apoio emocional."

Um amigo de Jennifer explicou: "Se Chris pode manter contato com Gwyneth Paltrow, por que ela não pode contar com a ajuda de Nick? Ela está se protegendo e jogando um pouco. Jennifer sabe que não há nada garantido e quer manter o Nick na jogada."

Várias fontes alegam que ela está se reaproximando do ex-namorado e uma delas revelou: "O relacionamento deles está ficando mais íntimo e a família adoraria que eles reatassem o namoro. Ele ainda adora Jennifer e a família dele também. Nicholas vem ligando pra ela e os dois estão se falando regularmente por Skype."

Também houve boatos de romance entre Jennifer e o colega de cena Josh Hutcherson, mas poucos dias depois dessa especulação, ele parecia estar namorando a atriz de *Glee*, Dianna Agron. Eles foram vistos dançando juntos em uma festa no clube Bungalow 8 enquanto o DJ e produtor Diplo se apresentava. "Diplo apareceu de surpresa e Josh correu para a pista de dança com Dianna", publicou a coluna *Page Six*. "Os dois adoram dançar e se divertiram muito. Eles pareciam um casal novo, ainda flertando."

Para o *E! News*, contudo, nada romântico aconteceu entre eles: "Não houve demonstração pública de afeto, flertes ou beijos", disse um informante. De acordo com o *J-14*, Josh na verdade estaria namorando Claudia Traisac, a colega de cena de *Escobar: Paraíso perdido*, lançado em 2014.

Por uma coincidência estranha, algum tempo depois surgiram boatos de namoro entre Dianna e Nicholas Hoult após eles terem sido vistos juntos em uma série de pubs discretos em Londres em abril de 2015. Aparentemente, Nicholas estava mostrando seus bares favoritos à atriz de *Glee* e eles até foram vistos se beijando em um pub de West Hampstead na Páscoa. Uma fonte disse ao *The Sun*: "Ninguém pensou muito nisso, mas eles ficaram muito íntimos recentemente e estão se comportando como um casal. Eles são amigos há muito tempo. Está em fase inicial, mas tudo vai muito bem entre eles."

Outra fonte deu mais detalhes à revista *People*: "Eles vieram juntos e pediram bebidas. Depois, sentaram e ficaram conversando como qualquer pessoa. Eles pareciam estar se divertindo, mas não vimos beijos. Como estávamos trabalhando, não ficamos prestando atenção. Sem dúvida eram eles. Os dois são muitos bonitos, então, não há como não vê-los", acrescentou a fonte. "Eles não estavam flertando ou se beijando, nada disso. Não pareciam um casal. Talvez estivessem só se conhecendo."

Para aumentar a confusão, Jennifer, Josh e Liam foram vistos jantando juntos no início de março. Os três astros de *Jogos Vorazes* se encontraram no restaurante italiano Locanda Verde, em Nova York.

Outros rumores associaram Jennifer a Luke Hemmings, do grupo 5 Seconds of Summer após ele ter declarado admiração pela atriz. Ele disse à revista *Top of the Pops*: "Se eu pudesse espalhar um boato a meu respeito, seria que estou namorando Jennifer Lawrence, mesmo que isso nunca vá acontecer."

A essa altura, apesar de toda a confusão e dos rumores conflitantes, a fofoca começou a morrer e gradualmente ficou claro que Chris e Kate Hudson eram só amigos. Na verdade, ele ainda estava namorando Jennifer e logo se divorciaria de Gwyneth.

Na entrevista à *Marie Claire Australia* de fevereiro de 2015, Gwyneth falou sobre a separação de Chris, confirmando que o casamento tinha mesmo acabado: "Não houve nada dramático. Construí minha vida tentando ser tudo para todos e houve um momento em que não pude mais fazer isso. Eu realmente achava que não podia ter necessidades e precisava provar que era especial ou tinha valor fazendo tudo e cuidando de todos, até chegar a um ponto que não dava mais. Trabalhamos para cacete até chegar a este ponto, mas somos muito, muito próximos e está ótimo assim. Sinto que, de certa forma, é o relacionamento que estávamos destinados a ter."

Enquanto isso, Chris e Jennifer ainda conseguiram sair juntos algumas vezes, algo mais fácil na teoria do que na prática, visto que os compromissos de trabalho de ambos geralmente os colocavam em lados opostos do país.

Enquanto Jennifer trabalhava em Boston na primavera de 2015, eles tiveram tempo suficiente para encaixar um fim de semana romântico em Nova York, quando fizeram um *brunch* no exclusivo restaurante Tavern on the Green. Enquanto os guarda-costas mantinham os fotógrafos a distância, Jennifer devorou um sanduíche de rosbife e Chris preferiu ovos Benedict. Depois eles caminharam pelo Central Park. "Foi um encontro romântico e carinhoso para Chris e Jen", publicou a revista *OK!*, "Eles sussurravam um para o outro e riam. O casal se vê quando pode e cada um se dedica ao próprio trabalho. Os dois têm agendas cheias e gostam delas assim."

Jennifer parecia tão determinada a impressionar Chris que até começou a atenuar sua personalidade divertida. Uma fonte disse ao *Celeb Dirty Laundry*: "Chris é conservador, principalmente em ambientes sociais, e isso acabou contagiando Jen, que está aprendendo a manter algumas coisas em segredo."

Contudo, eles só tiveram um dia juntos em Nova York antes que cantor fosse para Puerto Vallarta, no México, com Gwyneth e as crianças para comemorar o aniversário de 9 anos do filho Moses. Os dois foram vistos na praia, aparentando ser uma família feliz e normal, embora Gwyneth tenha sido vista alguns dias antes na festa de aniversário de 50 anos de Robert Downey Jr. com o namorado, Brad Falchuk.

Apesar disso, Chris e Gwyneth pareciam estar pelo menos caminhando rumo ao divórcio oficial, um ano depois de anunciarem a separação. De acordo com o *TMZ* , "o mediador de divórcio está trabalhando para obter um acordo envolvendo a custódia dos filhos e as propriedades e, quando estiver tudo pronto, o pedido de divórcio será feito."

Outro informante confirmou ao *Daily Mail*: "O divórcio está definitivamente em andamento, cem por cento. Eles estão trabalhando em um acordo em particular e não haverá vazamentos. É uma separação muito amigável e a solução está próxima. Vão entrar com a papelada em breve e o divórcio vai se resolver rapidamente. Os dois amam os filhos e ainda têm o máximo de respeito um pelo outro, mas não ficarão mais juntos."

Informantes sugeriram que Jennifer vinha pressionando Chris para acelerar o divórcio e isso foi discutido em um encontro surpreendentemente público durante um *brunch* em Nova York: "Chris e Jennifer estão lutando para levar o relacionamento adiante porque ela não conseguia lidar com o fato de sempre ficar em segundo lugar em relação a Gwyneth", publicou a revista *Grazia* em abril. "Ela pressionou muito o Chris para que ele fizesse uma declaração e provasse o compromisso com ela, algo que ele não estava preparado para fazer até o momento. Eles [Chris e Gwyneth] decidiram finalmente encarar as consequências, com o apoio do guru da separação consciente. Os dois viram que chegou a hora de seguir em frente com os novos relacionamentos."

Embora a papelada estivesse pronta para ser assinada, o divórcio não significaria o fim do relacionamento próximo, pois a dupla estava determinada a manter a convivência com os filhos. "Os dois vêm usando os respectivos gerentes financeiros para elaborar um acordo envolvendo tanto as propriedades quanto a custódia dos filhos", segundo o *Daily Mail*. "O acordo é confidencial, mas informantes alegam que não houve grandes problemas com dinheiro nem com a custódia das duas crianças."

Esperava-se que os documentos oficiais citassem diferenças irreconciliáveis entre os dois, que se casaram no dia 5 de dezembro de 2003. "Eles decidiram criar uma 'agenda da família', que ambos precisarão seguir quando o divórcio estiver concretizado", acrescentou o informante ao *Daily Mail*. "Ela vai incluir pelo menos três férias em família por ano, datas definidas para os dois passarem juntos com as crianças e até 'encontros noturnos' para falar sobre os filhos e manter as boas relações."

A revista *People* publicou que o ex-casal continuaria se concentrando para dar o máximo de felicidade possível aos filhos: "Esta é uma evolução natural para Gwyneth e Chris como amigos e como casal", disse uma fonte. "Eles continuam unidos e totalmente comprometidos com Apple e Moses, enquanto seguem em frente como indivíduos. Naturalmente, os dois vão passar a se expor de maneira mais pública com outras pessoas, talvez até exibindo os novos relacionamentos."

Seja quem for o escolhido de Jennifer, parece que ter filhos esteja bem no alto de sua lista de prioridades. Ela está cada vez mais ligada à família e após ser dama de honra no casamento do irmão com Carson Massiler em outubro de 2013, ela se tornou uma tia dedicada para o pequeno Theodore, nascido em setembro de 2014. Será que atuar como "mãe" será o papel mais desafiador da vida dela?

CAPÍTULO DOZE

UM FUTURO BRILHANTE

Como uma das estrelas mais populares e rentáveis de Hollywood, Jennifer agora está em uma posição privilegiada e pode escolher a dedo os melhores papéis que lhe são oferecidos. Enquanto outras atrizes da mesma idade lutam para serem notadas pelos diretores de elenco, ela é inundada por ofertas de trabalho e contratos publicitários diariamente, mas não tem problemas em recusar várias delas. Indiferente ao dinheiro, ela se preocupa apenas em fazer escolhas ponderadas e que sejam boas para a carreira em longo prazo.

No fundo, Jennifer não está interessada em ganhar mais fama indo a festas ou a eventos-chave da indústria do entretenimento, preferindo se concentrar no trabalho. No início de 2015, ela evitou até as badaladíssimas cerimônias de entrega do Globo de Ouro e do Oscar e passou a temporada de premiações trabalhando na costa leste dos EUA.

Algumas pessoas sugeriram na época que ela estaria evitando Gwyneth Paltrow, que fez uma aparição glamorosa no Globo de Ouro e apresentou o prêmio de Melhor Ator, dado a Eddie Redmayne pela interpretação do professor Stephen Hawking em *A teoria de tudo*.

Na mesma noite do Globo de Ouro, Jennifer pensava na carreira. Ela foi vista jantando no famoso restaurante Bricco North End em Boston com a equipe do filme *Joy: O nome do sucesso*, lançado em dezembro de 2015. De acordo com a assessora de imprensa do Bricco, Nicole Russo, a estrela pediu o peixe branzino e foi "humilde e gentil com toda a equipe".

Ela ficou na cidade durante quase toda a primavera de 2015, trabalhando no terceiro projeto liderado pelo diretor de *O lado bom da vida* e *Trapaça*, David O. Russell. Agora que eles têm uma parceria profissional tão bem-sucedida, parece difícil imaginar que o diretor não tenha ficado nem um pouco impressionado com Jennifer quando a conheceu em um almoço do American Film Institute alguns anos antes.

"Ela parecia uma garota típica de Orange County", descreveu ele ao *The Hollywood Reporter* em 2014. "Toda arrumada, com um vestido branco, cabelo comprido e salto alto. Perguntei: 'Quem é essa? É a garota de *Inverno da alma*?' Depois falei: 'Uau, ela é totalmente diferente do filme.' Então [ainda em 2011], ela fez um teste por Skype que me impressionou."

Esse teste renderia à atriz o papel de Tiffany em *O lado bom da vida* e, no fim das contas, um Oscar. Reunidos mais uma vez em 2015, Jennifer e Russel estavam trabalhando juntos em *Joy: O nome do sucesso*. O filme conta a história real de Joy Mangano, mãe solteira de Long Island que passava por dificuldades financeiras e teve muito sucesso como uma improvável mulher de negócios ao criar o Miracle Mop.

Um comunicado feito pela 20th Century Fox a respeito do filme dizia: "Escrito e dirigido pelo aclamado cineasta, David O. Russell, *Joy: O nome do sucesso* é uma jornada emocionalmente cativante e às vezes engraçada de uma mulher que triunfou sobre desafios pessoais e financeiros ao inventar o Miracle Mop, vendido no canal QVC, e acabou virando uma empreendedora muito bem-sucedida."

O filme também marcou o reencontro de Jennifer com os colegas Bradley Cooper e Robert De Niro, mas ela foi obrigada a negar publicamente alegações de ter se envolvido em uma imensa discussão no set com o diretor. Jennifer tomou a atitude bastante incomum de usar a página oficial do Facebook, que raramente atualiza pessoalmente, para falar sobre os boatos de que eles teriam sido ouvidos gritando um com o outro, escrevendo: "Oi pessoal! É a Jen! Sei que não entro muito aqui porque mal consigo lidar com o e-mail, mas tem um boato horrível rolando por aí nas últimas 24 horas que eu gostaria de esclarecer. David O. Russell é um dos meus melhores amigos, temos um relacionamento profissional incrível e colaborativo. Adoro este homem e ele não merece essas tolices publicadas nos tabloides. O filme vai muito bem e estou me divertido horrores nas gravações!"

O anúncio da atriz foi feito depois de uma fonte dizer ao *TMZ* que ela e Russel gritaram um com o outro e trocaram xingamentos nas gravações. De acordo com o site, a discussão começou porque Jennifer não estava feliz com a forma pela qual ele dirigia uma cena. Segundo os produtores disseram ao *TMZ*, os gritos, que aparentemente assustaram pessoas ao redor, eram apenas a atuação pelo método Stanislavski, pois o diretor estava ajudando Jennifer a ficar irritada antes de gravarem uma cena na qual ela precisava perder a paciência com outro ator.

Ainda segundo o *TMZ*, Jennifer teria convidado o chefão do estúdio Harvey Weinstein ao set de filmagem para discutir o problema, mas Russell teria pedido a ele para sair assim que chegou ao trailer de maquiagem dela. Depois foi dito que a reunião tinha sido marcada com antecedência e não estava relacionada à suposta discussão. Também foi confirmado que tanto a atriz e o diretor estavam cientes da visita de Weinstein e que ele procurou Jennifer a fim de falar sobre um projeto por uma hora, aproveitando para presenteá-la com uma bolsa da grife da namorada dele, Marchesa.

Enquanto isso, o representante da Fox 2000 confirmou que Russell discutiu com outra executiva do estúdio, mas negou relatos de que tenha feito a funcionária chorar. E o chefe da produtora Annapurna Pictures também deu sua opinião sobre a briga: "A única coisa que aconteceu nas gravações entre David Russell e Jennifer Lawrence foi uma colaboração extraordinária", explicou Megan Ellison, "da qual eu tenho orgulho de fazer parte."

De qualquer modo, o duradouro e frutífero relacionamento artístico entre Jennifer e Russel parecia feito para durar, embora não tenha sido a primeira vez que ele tenha supostamente discutido com um ator em um de seus filmes. Houve um famoso episódio com George Clooney no set do filme *Três Reis*, de 1999. Eles criticaram abertamente o trabalho um do outro e até chegarem às vias de fato.

Também surgiram imagens de 2004 nas quais o diretor e Lily Tomlin gritavam um com outro enquanto trabalhavam em *Huckabees: A vida é uma comédia*, com Russell chutando objetos de cena e Tomlin xingando o diretor. A atriz disse ao *Miami New Times*, três anos depois: "Amo David. Houve muita pressão para fazer aquele filme. Até pelo resultado final dá para ver que era um filme muito louco, baseado em associações livres, e David estava sofrendo uma pressão imensa. E ele é um cara que não se apega a estruturas formais, mesmo."

Alguns meses depois, porém, a reputação de Russell sofreu outro revés quando vazou uma série de e-mails trocados entre o jornalista Jonathan Alter e o cunhado do diretor e CEO da Sony, Michael Lynton. Nos e-mails, Alter pergunta sobre os futuros planos da empresa para o diretor: "Vocês estão fazendo algo mais com ele?", pergunta Alter. "Sei que ele é brilhante, mas temos alguém em nosso programa que trabalhou muito próximo a ele em *Trapaça* e não só as histórias sobre ele ter mudado são totalmente falsas como as novas histórias sobre o comportamento abusivo e lunático dele são radicais até para os padrões de Hollywood."

Alter lembrou a briga com George Clooney, acrescentando: "Aparentemente ele se comportou bem em *O lutador*, mas agiu de um jeito tão louco em *Trapaça* que foi outra situação como a do Clooney, que fez muita gente dizer que nunca mais vai trabalhar com ele. Russell pegou um cara pelo colarinho, xingou pessoas várias vezes na frente de outras e agrediu tanto Amy Adams que Christian Bale disse na cara do diretor que ele deveria deixar de agir como um babaca. Ele tratava muito mal a equipe, exigia um banheiro separado o tempo todo e assustava as pessoas, como sabemos que ele fez em *Três reis*"

Contudo, independente dos rumores a respeito do talentoso diretor, está claro que ele e Jennifer conseguiram formar um relacionamento profissional prolífico e frutífero que já rendeu dois filmes fantásticos, *O lado bom da vida* e *Trapaça*, e outros estão por vir.

Esperava-se que *Joy: O nome do sucesso* brigasse de igual para igual com a cinebiografia liderada por Sandra Bullock sobre outra mulher pioneira, a promotora da Tupperware, Brownie Wise, conhecida por inspirar donas de casa a ganhar o próprio dinheiro vendendo Tupperware. Tanto ela quanto Joy Mangano foram mulheres de negócios inovadoras que chegaram ao topo da carreira através do trabalho árduo, talento e carisma. Coincidentemente, as histórias incomuns da vida de ambas foram levadas à tela grande em filmes diferentes no que estava sendo chamada de "A batalha das deusas domésticas em 2015".

O filme de Bullock se baseia no livro escrito por Bob Kealing, *Tupperware Unsealed* (Tupperware aberta, em tradução livre), no qual ele explica como Earl Tupper desenvolveu os recipientes para guardar alimentos, solicitando a patente em 1947. Tupper não fazia ideia de como vender os produtos e descobriu Wise, uma mãe divorciada que tinha um talento prodigioso para vendas e era "estonteante, inteligente e expansiva". No *baby boom* do pós-guerra, ela fazia festas para mães que não trabalhavam, ensinando o procedimento a ser feito na tampa para forçar o ar a sair das tigelas coloridas e criar um vácuo. As vendas decolaram, pois antes as mulheres precisavam colocar toucas de banho em cima dos pratos para impedir que os alimentos estragassem. Ao longo da década de 1950, milhares de mulheres viraram vendedoras de Tupperware, recompensadas com incentivos que iam de faqueiros a Cadillacs e casacos de pele. Em 1954, Wise foi a primeira mulher a aparecer na capa da revista *Business Week* quando as vendas estimadas da empresa chegaram a cem milhões de dólares.

Porém, Tupper ficou ressentido com o sucesso da funcionária. Em 1957, Wise foi demitida da empresa multimilionária que ajudara a construir. Ela não tinha ações da empresa e recebeu um ano de salário como indenização, no valor trinta mil dólares. Depois, ela tentou criar uma empresa de cosméticos (e fracassou), interessou-se por corretagem e teve uma olaria. Faleceu em 1992, aos 79 anos.

"Ela foi uma das empresárias mais importantes do século XX, o protótipo de todas essas mulheres que estão surgindo no Facebook e no Google", escreveu Kealing. "Fico feliz por ela finalmente conseguir o reconhecimento que merece."

A história de ascensão social de Joy Mangano também é edificante. A ex-garçonete raspou as economias para desenvolver um esfregão que podia ser torcido sem molhar as mãos do usuário. Em 1990, ela produziu cem esfregões e os vendeu a lojas de Long Island. Depois, vendeu mais mil esfregões para o canal de compras QVC, com a condição de que ela os pegaria de volta se encalhassem. Os esfregões venderam lentamente, mas quando Mangano entrou no ar para divulgar o produto, conseguiu vender 18 mil esfregões em vinte minutos. Hoje eles ainda vendem aos milhões.

A loura e animada Mangano também inventou os cabides Huggable Hangers, que economizam espaço em armários e quebrou um recorde no canal

Home Shopping Network em 2010, vendendo 180 mil purificadores de ar Forever Fragrant em apenas um dia.

Ela vendeu a Ingenious Design, sua empresa, para o HSN e agora trabalha como executiva. A filha, Christie Miranne, disse ao *Observer* que a mãe estava "empolgada e achava uma honra" ser interpretada por Jennifer Lawrence. "Ela trabalhou muito a vida inteira. Todos nós estamos ansiosos para ver o filme. Vai ser uma experiência e tanto", disse ela.

Alguns críticos duvidam que as histórias de vida destas duas mulheres com relacionamentos amorosos complicados serão fortes o bastante para atrair audiência, mas outros acreditam que serão sucessos, pois os espectadores estariam cansados da enxurrada de filmes de ação e fantasia.

Enquanto isso, Jennifer parecia se ajustar à vida em Boston e tentava viver da maneira mais normal possível para uma atriz de Hollywood. Ela fez compras na Saks Fifth Avenue e até conseguiu passar despercebida em uma aula do tipo de spinning chamada Flywheel: "Ela normalmente chega pela porta dos fundos, entra na aula depois que as luzes se apagam e sai antes que acendam", disse uma fonte à revista *People*. Ela frequentou a aula com o assistente e até levou a cadelinha Pippi, que esperava pacientemente do lado de fora. "Quando traz o cachorro, o que aconteceu algumas vezes, o guarda-costas toma conta dele", acrescentou a fonte.

De Boston, a produção foi para Wilmington, Massachusetts, onde Jennifer foi vista gravando com o colega Édgar Ramírez. Ela disse aos amigos que estava feliz da vida por voltar a trabalhar com Bradley Cooper, pois a química imensa entre os dois era inegável e havia maravilhado os críticos em outros filmes.

Jennifer também fez uma sólida amizade com a então namorada de Bradley, a modelo britânica Suki Waterhouse. Bradley e Suki se conheceram no Elle Style Awards de 2013, em Londres: "Fomos apresentados e nos demos bem logo de cara", contou a modelo à revista *Rollercoaster*. "Estávamos dançando na festa depois da premiação e ele me perguntou se eu gostaria de sair para uma noitada. Fomos ao Cirque le Soir em Londres e ele dança ridiculamente bem."

Suki e Jennifer chegaram a ir juntas à peça *O homem elefante*, estreia de Cooper na Broadway em dezembro de 2014.

Nessa encenação do drama de Bernard Pomerance, apresentada no Booth Theatre, Cooper interpretou Joseph Merrick, britânico do século XIX que virou astro do circuito itinerante de aberrações. Um frequentador do teatro tuitou empolgado durante a peça: "Jennifer Lawrence está sentada na fileira em frente à minha em *O homem elefante*", seguido por vários emojis de expressão espantada. E a aparição de Jennifer no teatro gerou especulações de que ela talvez pensasse em subir ao palco se os compromissos de filmagem permitissem.

Embora as duas parecessem se dar bem naquela noite, também foi publicado que Jennifer teria sentido "um pouco de ciúme" de Suki. Uma fonte disse ao site de fofocas *Radar Online*: "Quando Bradley e Jennifer fizeram *O lado bom da vida* e *Serena*, eles eram inseparáveis, mas agora Bradley está passando todo o tempo livre com Suki e ela sente que perdeu o companheiro. Eles não estão andando juntos com tanta frequência, como faziam. Bradley pediu para Suki vir de Londres a Boston e a levou para ver a cidade. Depois, foi a Paris vê-la assim que teve uma folga nas gravações. Como ele está passando todo o tempo livre com a Suki, Jennifer só viu Bradley nas filmagens e sentiu um pouco de ciúme por isso."

Bradley e Jennifer foram obrigados a negar os boatos de namoro, mas não foi a negativa mais convincente do mundo, pois ele alegou que Jennifer era jovem demais para ele e acabou namorando Suki, que era ainda mais jovem!

Jennifer já havia reclamado que estava cansada de tentar arranjar uma namorada para Bradley: "Sinto que tudo o que venho fazendo ultimamente é procurar alguém para ele", disse ela. "Eu falei: 'Quer saber? Vou economizar tempo e fazer um livreto com fotos das minhas amigas. Você vai passando e escolhe, porque já estou ficando cansada disso.'"

Jennifer não compareceu ao Oscar em 2015, mas Bradley levou Suki como acompanhante após ter sido indicado a Melhor Ator por *Sniper americano*. Além de perder o prêmio para Eddie Redmayne aquela noite, ele também precisou lidar com Suki sentindo ciúme de outra de suas amigas lindas. Segundo revista *OK!*, a namorada de Bradley não simpatizava com a atriz Sienna Miller, que foi ao Oscar totalmente glamorosa e deslumbrante em um vestido preto Oscar de la Renta.

Uma fonte disse à revista: "Suki está de saco cheio de ver Bradley babando sem parar no talento de Sienna. Isso rendeu brigas enormes. Suki disse a ele que se esbarrar em Sienna no Oscar, vai mandar a atriz se afastar do homem dela."

Como houve boatos de romance entre Bradley e Sienna no passado, é compreensível que Suki estivesse chateada, principalmente porque o casal quase não ficou junto durante os preparativos para a prestigiada cerimônia de entrega dos prêmios. Porém, a modelo se recusou a discutir o relacionamento deles. Em entrevista à revista *Elle*, Suki disse: "Não falo do meu namorado porque é chato. Pelo menos é o que eu decidi dizer a você quando fosse perguntada. Não sou uma dessas garotas que fica falando do namorado. Eu realmente acho que vai soar estranho, independente do que eu diga, mas a verdade é que se eu começar a falar dele, provavelmente não vou conseguir parar. E não quero mesmo falar dele, sabe?"

Mas em abril de 2015, foi dito que o relacionamento de dois anos de Bradley com Suki havia esfriado porque ela não apoiava a carreira dele. O *Page Six* alegou que ele se sentira abandonado durante a estreia na Broadway em *O homem elefante* entre novembro de 2014 e fevereiro de 2015. A coluna também relatou que uma fonte próxima do ator disse que Bradley ficou chateado por Suki não ter escolhido passar o Dia dos Namorados com ele em Nova York, preferindo curtir um fim de semana com as amigas no Texas, compartilhando no Instagram uma série de fotos de biquíni.

Para piorar a situação, Bradley também estava com problemas no trabalho. Na primavera de 2015, os fãs aguardavam ansiosamente o lançamento de *Serena*, baseado no romance homônimo publicado em 2008 por Ron Rash e dirigido pela ganhadora do Oscar, Susanne Bier. Jennifer e Bradley interpretam um casal cuja felicidade é quase arruinada quando a personagem de Lawrence descobre que o marido já tem um filho. O lançamento do filme foi adiado por quase dois anos, parado na sala de edição e, quando finalmente saiu, em março de 2015, recebeu críticas terríveis.

O filme, que se passa no início da década de 1920, segue os recém-casados George e Serena Pemberton (Bradley Cooper e Jennifer Lawrence), que abrem uma madeireira nas montanhas da Carolina do Norte. Serena se mostra uma mulher formidável ao ar livre, caçando cascavéis e até salvando a vida de um homem na floresta (uma personagem turbulenta que remete ao papel que lançou Jennifer ao estrelato em *Inverno da alma*.), mas o casamento começa a desabar quando Serena descobre o passado oculto de George e é obrigada a enfrentar um destino imutável.

Embora o filme tenha sido massacrado, alguns críticos elogiaram a atuação de Jennifer e creditaram Susanne Bier por destacar o melhor da atriz. "Lawrence constrói uma atuação consciente e bem pensada que dá conta dos extremos da personagem", escreveu o *Houston Chronicle*. "Às vezes dá para notar Bier saboreando o que a atriz é capaz de fazer, como acontece quando ela filma Lawrence em close-up reagindo a uma notícia ruim em uma cena sem cortes. Jennifer está totalmente séria, até que começa a chorar e depois cede totalmente às lágrimas. Poucas pessoas são capazes de fazer isso com uma câmera a meio metro do rosto. Menos pessoas ainda são capazes de fazer com que você queira ver isso."

De acordo com Joe Matukewicz, chefe de aquisições da Sony, o filme foi "muito decepcionante". Em um e-mail que vazou, ele escreveu para o chefe: "Ele se passa em uma cidade madeireira das Smoky Mountains em 1920. Cooper gerencia uma madeireira e se casa com Lawrence, mas quando perde o filho que esperavam, ela fica mentalmente instável e mata três habitantes locais que considerava ameaças. Mesmo com a força dos protagonistas, a história e o ambiente sombrios, o ritmo entediante e a falta de tom fazem com que o ideal seja botarmos esse filme na gaveta. Não só porque as críticas serão ruins, mas também para preservar esses talentos. Provavelmente é melhor deixá-lo para lá."

O site *Zimbio* também detonou o filme dizendo que era como um "sonífero" e alegando: "Os melhores momentos de *Serena* mostram Lawrence lidando com uma sobrecarga de emoções. A cena em que ela vai lentamente tendo um colapso após o aborto é filmada em close-up fechado e é de arrepiar. Isso é o frustrante. *Serena* deveria ser cheio de momentos assim, mas Lawrence só recebe meio personagem para trabalhar. Enquanto isso, Bier dirige tudo com mão pesada e muita câmera lenta, consideradas como desenvolvimento de personagens. Os olhares longos e comoventes entre Lawrence e Cooper pouco ajudam, e as cenas de sexo impróprias para crianças são de dar sono. Rodado principalmente em Praga, o design de produção é maravilhoso e vívido, mostrando uma visão dura da vida de um trabalhador. E o ambiente parece ter afetado o filme. Tirando Lawrence, todos os atores parecem querer estar em casa dormindo, como se soubessem que estavam trabalhando em algo que não estava dando certo."

Apesar das críticas a *Serena*, Jennifer e Bradley ainda eram amplamente considerados um sinônimo de excelentes bilheterias e, mesmo que este filme específico tenha sido um raro fracasso, pode-se dizer que o futuro de Jennifer na indústria do cinema está garantido, pois ela já está com a agenda cheia para os próximos anos.

Jennifer criou uma forte amizade com a diretora e concordou em trabalhar de novo com Susanne Bier na adaptação para o cinema da biografia de Claire Bidwell Smith chamada *The Rules of Inheritance*. Além de atuar, Jennifer também quis desempenhar a inédita função de produzir este filme que trata do luto e dos desafios que surgem com a perda dos entes queridos.

Quando este livro foi escrito, ela também estava prestes a protagonizar os filmes *Burial Rites, East of Eden*, *Jogos Vorazes: A esperança — Parte 2* e *The Ends of the Earth*. Tanto em *Burial Rites* quanto na refilmagem da obra de 1955 estrelada por James Dean, *East of Eden*, ela voltará a trabalhar com o diretor de *Jogos Vorazes*, Gary Ross. Na segunda adaptação do seminal romance de John Steinbeck *East of Eden*, ela deverá interpretar Cathy Ames, que matou os pais colocando fogo na casa enquanto dormiam.

Em *Burial Rites*, Jennifer está cotada para o papel de uma mulher acusada de assassinato que é mandada para uma fazenda isolada enquanto aguarda a execução.

Já em *The Ends of the Earth*, ela voltará a trabalhar com o diretor da terceira e quarta partes da franquia *Jogos Vorazes*, Francis Lawrence. A obra trata de uma história de amor verídica sobre um poderoso magnata do petróleo que perde tudo após se envolver em um caso tórrido.

Ela e Francis Lawrence tinham planos de voltar a trabalhar juntos no drama romântico *The Dive*. Segundo o *The Hollywood Reporter*, o filme desenvolvido pelo diretor de *Avatar* e *Titanic*, James Cameron, desde 2002 é centrado no relacionamento entre os personagens reais Francisco "Pipin" Ferreras e a bióloga marinha Audrey Mestre.

Jennifer será Audrey, entusiasta dos esportes aquáticos que passa a praticar o mergulho livre (feito em grandes profundidades apenas prendendo a respiração) no meio dos anos 1990. Ela treinou com o lendário mergulhador Pipin e os dois logo se casaram. Em novembro de 2002, quando tentava quebrar o recorde mundial de 162 metros de profundidade estabelecido pelo marido, Audrey encontrou um problema com o balão de ar e foi retirada da água nove minutos depois, mas as tentativas de ressuscitação fracassaram e ela morreu aos 28 anos.

Dois relatos bem diferentes da tragédia surgiram desde então. Em 2006, Pippin foi diretamente acusado pela morte prematura da esposa pelo outro organizador do mergulho, Carlos Serra, no livro chamado *The Last Attempt*. Para Serra, a tentativa de recorde não seguiu os procedimentos padrão de segurança. Contudo, o filme adota o título de livro de 2004 escrito por Pipin, *O mergulho: Uma história de amor e Obsessão*, que defende outro ponto de vista.

Jennifer também planejava ir além do trabalho de atriz naquele ano e concordou em produzir e estrelar simultaneamente o filme *The Glass Castle*. Em uma entrevista à *The Associated Press*, ela disse ter lido a emocionante história de vida da ex-colunista de fofocas Jeannette Walls que havia sido recomendada pela mãe, Karen, explicando:

"Sempre quis produzir, porque eu me lembro de ter lido roteiros incríveis que nunca viram a luz do dia. Então eu ficava dirigindo em Westwood, via algumas porcarias que estavam em cartaz e pensava: 'O que está acontecendo no mundo?' Então, eu sempre quis produzir. E *The Glass Castle* é perfeito para ser o meu primeiro projeto, pois fiquei muito emocionada com aquele livro. Minha mãe é um amuleto com esse tipo de coisa. Ela leu *Inverno da alma* e *Jogos Vorazes*, e quando eu li *The Glass Castle* achei incrível, então procuramos Gil Netter, o produtor que tinha os direitos do livro. Nós começamos a conversar e agora estamos desenvolvendo o projeto. Já temos diretor e roteirista e está em andamento."

Em 2016, Jennifer voltou ao papel de super-heroína em *X-Men: Apocalipse*, retomando o papel de Raven/Mística, mas revelou que foi a última aparição na série de sci-fi após assumir o papel que foi de Rebecca Romijn. Durante uma exibição de *Serena*, em março de 2015, Jennifer confirmou: "É o meu último, sim." Nicholas Hoult também indicou que o filme seria a última aparição dele com Fera, mas deixou clara a vontade de continuar interpretando o personagem.

Falando com o *E! Online*, o ex-namorado de Jennifer revelou: "Este é o último do meu contrato. O primeiro foi muito bem, e *Dias de um futuro esquecido* teve uma recepção maravilhosa. Pensei: 'Uau, as pessoas realmente querem ver esses filmes.' O melhor é que a equipe e o elenco são excelentes para se trabalhar e o Fera é um personagem ótimo. Eu me divirto bastante com ele, então, eu continuaria no papel se pudesse."

Após Jennifer anunciar a saída da franquia *X-Men*, o diretor Bryan Singer começou a busca por outra protagonista e, em abril de 2015, escalou Olivia Munn para interpretar a telepata ninja Psylocke em *X-Men: Apocalipse*. Ele fez o anúncio via Instagram, e especialistas em Hollywood imediatamente previram que a carreira de Munn decolaria exatamente como aconteceu com Jennifer após ter aparecido como Mística em *X-Men: Primeira classe*.

Também foi publicado que Jennifer e o astro de *Guardiães da galáxia* e *Uma aventura lego*, Chris Pratt, estavam conversando com a Sony Pictures para fazer o drama de ficção cientifica *Passengers*.

O filme está em desenvolvimento há anos e ainda precisa definir seus atores principais. Em 2013, boatos davam Rachel McAdams e Keanu Reeves como protagonistas, com o diretor de *Game of Thrones* Brian Kirk no comando. Antes disso, Reese Witherspoon estava conversando com o estúdio, mas os três atores desistiram desde então.

"*Passengers* se passa em uma nave espacial no futuro, na qual milhares de passageiros fazem uma viagem interestelar para um planeta novo e distante", relatou a revista da indústria do entretenimento *Variety* no início de 2015. "Um passageiro acorda do sono criogênico noventa anos antes de todo mundo e decide acordar outra passageira, marcando o início de uma história de amor."

De acordo com a revista, o homem por trás de *O jogo da imitação* (2014), Morten Tyldum, esperava conseguir o posto de diretor. Tyldum foi indicado a um Oscar e a um Director's Guild Awards pelo trabalho no drama passado durante a Segunda Guerra Mundial e estrelado por Benedict Cumberbatch no papel do herói decifrador de códigos, Alan Turing.

Os especialistas da indústria do entretenimento esperam que *Passengers* seja tão bem-sucedido nas bilheterias quanto os recentes dramas espaciais *Interestelar*, de 2014, e o ganhador de sete Oscars, *Gravidade*, de 2013.

Nessa época, Jennifer foi associada a tantos filmes que foi uma surpresa enorme ela não ter sido cotada para a refilmagem de *Os caça-fantasmas* com elenco totalmente feminino.

Como era de se esperar, a atriz brincou com a aparente esnobada: "Eu não sabia que havia um *Caça-fantasmas 2*. Quem está no *2*? Você está falando sério? Ah, meu Deus! Continuações nunca são tão boas", disse ela, morrendo de rir quando se deu conta que estava justamente promovendo uma continuação (*A esperança — Parte 1*).

Mas Jennifer estava ocupada demais para chorar pelo filme perdido, pois iria se unir à lenda de Hollywood Steven Spielberg em uma cinebiografia sobre uma veterana fotógrafa de guerra. O estúdio Warner selou o acordo para que ela estrelasse a versão cinematográfica da biografia *It's What I Do: A Photographer's Life of Love and War*, escrita por Lynsey Addario sobre o seu trabalho em zonas de conflito, incluindo o Afeganistão, após os ataques terroristas de 11 de setembro.

De acordo com o site *Deadline*, grandes produtores estavam brigando pelos direitos do livro depois que trechos foram publicados na *The New York Times Magazine*. Entre os concorrentes estavam a Working Title Films, com Reese Witherspoon ligada ao papel principal, e Darren Aronofsky (*Cisne negro*), que pensava em Natalie Portman para interpretar a protagonista. A Weinstein Company também estava no páreo, com George Clooney e Grant Heslov envolvidos. Além desses, Margot Robbie supostamente engrossava a lista de interessados em adquirir os direitos de adaptação para o cinema.

A fotojornalista vencedora do prêmio Pulitzer se encontrou com os vários concorrentes esperançosos e impressionou a todos com detalhes de sua vida pessoal e profissional. Addario fez a cobertura de conflitos no Afeganistão, Iraque, Darfur, Congo e Haiti, com trabalhos publicados no jornal *The New York Times* e nas revistas *The New York Times Magazine*, *Newsweek* e *National Geographic*.

A Warner Bros. acabou ganhando a disputa e escalou Jennifer para interpretar Addario, que admitiu estar preocupada com a tendência de Hollywood ao sensacionalismo: "É por isso que fiz um grande esforço para decidir quem ficaria com o livro. Senti muita confiança em relação à equipe que acabei escolhendo. Não há como garantir que será exatamente a verdade, mas o objetivo do filme é dizer às pessoas o que fazemos como jornalistas, mostrar como realmente é a nossa vida e a vida das pessoas que retratamos. Há uma grande disparidade entre a percepção das pessoas e a realidade, e se conseguirmos atingir um público mais amplo com um filme de Hollywood, então, vale a pena tentar."

Graças à futura cinebiografia, Addario agora é uma mulher rica, mas Jennifer ficou impressionada ao saber que a jornalista não pretende abandonar o trabalho perigoso. Addario disse ao *British Journal of Photography*: "É difícil para mim quando as pessoas perguntam: 'Por que você faz esse trabalho e arrisca a vida?' Não tenho uma resposta intelectual, pois quem faz esse trabalho o entende como algo maior. É uma espécie de chamado. Eu só consigo responder com: 'É o que eu faço e o que eu sou.'"

Houve também rumores associando Jennifer a um projeto derivado de *Guerra nas estrelas*, além de indícios que ela estaria cotada para interpretar uma heroína no jogo *The Legend of Zelda*. Por falar em princesas, Jennifer talvez substitua Kristen Bell em *Frozen 2* após o sucesso da canção "The Hanging Tree".

Além disso, dizem que ela está envolvida na futura adaptação para o cinema do épico *A odisseia* que está sendo desenvolvida pela Lionsgate Films e provavelmente será dirigida por Francis Lawrence.

Jennifer ainda vai faturar com a abertura de um parque temático de *Jogos Vorazes* em Dubai. A Lionsgate anunciou em abril de 2015 a parceria com a Dubai Parks e Resorts para dar vida ao filme em um imenso parque com inauguração marcada para outubro de 2016. O Motiongate Dubai será inspirado em Hollywood e terá lojas e atrações baseadas em *Jogos Vorazes*. Espera-se que o local de aproximadamente 370 mil metros quadrados atraia mais de três milhões de visitantes por ano e tenha apresentações ao vivo e uma área dedicada à animação.

Também foi publicado que Jennifer interpretaria a herdeira do império editorial Hearst que se transformou em ativista, Patty Hearst, sequestrada em 1974 pelo Exército Simbionês de Libertação, grupo de estudantes que defendia a soltura de prisioneiros negros. Em um dos casos mais bem-documentados de síndrome de Estocolmo de todos os tempos, Hearst sofreu uma lavagem cerebral, passou a apoiar a causa de seus captores e chegou a aparecer em vídeos de propaganda do grupo e participar de atividades ilegais. Ela mudou de nome para Tania e se transformou em guerrilheira, mas acabou presa após planejar um elaborado assalto a banco para apoiar a causa que tinha acabado de descobrir. Ela foi julgada e depois recebeu o perdão do presidente Jimmy Carter.

O analista jurídico sênior da CNN, Jeffrey Toobin, escreveu um livro ainda sem título sobre a juventude de Hearst, e a 20th Century Fox está desenvolvendo um roteiro, com Jennifer em mente.

Críticos sugeriram que ela seria perfeita para o papel, pois interpretou uma guerreira heroica em *Jogos Vorazes*, foi emocionalmente vulnerável em *O lado bom da vida* e fez uma *femme fatale* convincente em *Trapaça*.

Se tudo isso for aprovado, parece que Jennifer não vai ter folga por muito tempo.

A revista *Rolling Stone* definiu Jennifer como "A atriz mais talentosa dos Estados Unidos", e a *Time* considerou a jovem do Kentucky uma das 100 Pessoas Mais Influentes do Mundo.

A *Elle*, por sua vez, anunciou que Jennifer era a Mulher mais Poderosa da Indústria do Entretenimento, e ela também conquistou o primeiro lugar na lista de 99 Mulheres mais Desejáveis do Ano feita pelo site *Ask Men*.

Além de ter recebido vários prêmios, homenagens e troféus por seus trabalhos, Jennifer também apareceu nas listas da *Forbes* como uma das Celebridades Mais Poderosas do Mundo e a segunda Atriz Mais Poderosa do Planeta, derrotando várias colegas de renome, como Angelina Jolie. Agora ela é a segunda atriz mais bem paga de Hollywood, atrás apenas de Sandra Bullock, cuja carreira começou duas décadas antes.

Como se não bastasse, Jennifer está cotada para entrar no *Livro Guinness dos Recordes* por ter conquistado tantos prêmios em um espaço de tempo tão curto.

A pergunta que fica, então, é: o que o futuro reserva para garota que saiu de um ensaio fotográfico aparentemente desastroso para a *Abercrombie & Fitch*, fez alguns filmes independentes pouco vistos e agora é conhecida no mundo inteiro como a "Garota em Chamas" na franquia mais bem-sucedida de todos os tempos?

Ela deu a entender que adoraria trabalhar atrás das câmeras: "Sempre quis dirigir", disse a atriz à *Vanity Fair*. "Desde *A Casa de jogos*, quando vi Lori

Petty dirigindo, eu pensei em fazer o mesmo. Adoro fazer filmes e adoro atuar, mas não sinto necessidade a estar sempre na frente da câmera."

Jennifer já assinou contrato para produzir alguns filmes, mas antes de fazer tudo isso ela queria mesmo era uma folga na agenda frenética, que a fez trabalhar direto desde quando foi alçada à fama em 2008.

"Quero que minha vida seja o mais normal possível", disse ela. "Um dos perigos da indústria do cinema é que tudo acontece rápido demais e logo se envelhece. Não quero queimar etapas na minha vida."

Com os próximos anos devidamente planejados, não chega a surpreender que Jennifer tenha manifestado o desejo de fazer uma pausa merecida nas filmagens para descansar. Mas, com tantos projetos na fila, não está claro quando isso vai acontecer.

Em algumas entrevistas mais reveladoras, Jennifer deu a entender com uma dose de melancolia que deseja mesmo é comprar uma casa onde possa passar temporadas mais longas e sumir um pouco. Sendo um rosto facilmente reconhecido, o que ela mais deseja são o anonimato e a privacidade. O sonho da atriz é simplesmente se afastar do olhar intenso do público.

Até agora ela conseguiu manter os pés firmemente plantados no chão de uma forma sincera e honesta, mas as exigências não têm fim. Ela disse que sente falta de conseguir relaxar no sofá, assistindo aos seus adorados reality shows, e da liberdade para andar a cavalo como fazia quando criança.

Felizmente, ela está protegida pelos laços fortes que a unem a uma família amorosa, que faz tudo para garantir que Jennifer visite com a maior frequência possível a casa em que passou a infância, onde pode ter um pouco de paz e normalidade.

Como não faz tanto tempo assim que a atriz precisou de sessões regulares de terapia para lidar com a ansiedade social e os transtornos emocionais que a paralisavam. Muitos considerariam essencial que Jennifer se afastasse da grande máquina de Hollywood antes de sofrer um colapso, como já aconteceu com tantos outros astros.

Os paparazzi e os fãs ávidos munidos de celulares e câmeras perseguem Jennifer de modo implacável e agressivo. Além disso, os colunistas de fofoca, as revistas e os programas de televisão especulam e dissecam todo vestido que ela usa, todo homem com quem é vista e todos os movimentos feitos por ela.

Jennifer admite que não se sente em casa em Los Angeles: um passo em falso e tudo pode desabar ao redor dela.

A atriz chegou a dizer: "Louisville é muito respeitosa. Posso sair para jantar normalmente com a minha família e todo mundo é muito gentil e permite que eu tenha uma boa experiência. O único lugar que vou identificar como lar para sempre é Louisville."

Ela ainda pode se sentir uma garota comum, mas uma coisa é certa: Jennifer Lawrence faz parte da realeza de Hollywood e, se continuar navegando com cuidado nesse universo, parece destinada a reinar por muitos e muitos anos.

Este livro foi composto na tipologia Adobe Garamond Pro,
em corpo 11.25/16, e impresso em papel off-white no Sistema
Cameron da Divisão Gráfica da Distribuidora Record.